中等职业教育国家规划教材
全国中等职业教育教材审定委员会审定
中等职业教育改革创新示范教材
财经商贸类专业课程教材

财经应用文写作

（第2版）

主　编　刘康乐

中国财经出版传媒集团
中国财政经济出版社

图书在版编目（CIP）数据

财经应用文写作／刘康乐主编．—2版．
—北京：中国财政经济出版社，2019.7（2023.8重印）
中等职业教育国家规划教材　中等职业教育改革创新示范教材　财经商贸类专业课程教材
ISBN 978－7－5095－8973－1

Ⅰ．①财…　Ⅱ．①刘…　Ⅲ．①经济－应用文－写作－中等专业学校－教材　Ⅳ．①F

中国版本图书馆CIP数据核字（2019）第080299号

责任编辑：李　媛　　　　　　责任校对：张　凡
封面设计：华乐功　　　　　　版式设计：董生平

中国财政经济出版社 出版
URL：http：//www.cfeph.cn
E－mail：cfeph @ cfeph.cn
（版权所有　翻印必究）
社址：北京市海淀区阜成路甲28号　邮政编码：100142
营销中心电话：010－88191537
北京富生印刷厂印刷　各地新华书店经销
787×1092毫米　16开　8.25印张　192 000字
2019年7月第2版　2023年8月北京第3次印刷
定价：19.00元
ISBN 978－7－5095－8973－1
（图书出现印装问题，本社负责调换）
本社质量投诉电话：010－88190744
打击盗版举报热线：010－88191661　QQ：2242791300

前　言 Preface

"财经应用文写作"是中等职业学校财经商贸类专业的主干课程之一，是一门实用写作技能课。财经工作人员为了完成工作任务经常要写财经应用文，写作财经应用文成为他们工作内容的组成部分之一，写作能力成为必须具备的能力之一。以能力为本培养具有综合素质的中初级合格专门人才，是中等职业学校人才培养的目标。按照财经应用文写作这门课程的性质、作用和人才培养目标定位，这本教材的编写注重培养学生的实用写作能力，教材内容侧重写作实训、落实写作训练。全书的写作训练练习内容充足、体系完整，训练练习的题材密切结合财经商贸工作实际和学生的学习及日常生活实际，按照学生毕业后工作岗位需要培养写作技能，做到用中学、学中用，学用结合。

本书的编写以写作训练项目为教学单元，共设十一个项目，前三个项目为财经应用文写作基础训练，后八个项目为财经应用文文种写作训练，每个项目由"学习目标""例文导读""知识准备""训练设计""写作训练练习"五部分组成（第一、二两个项目不设"例文导读"）。

每个项目的学习过程是：先明确学习目标，确定完成此项目应达到的具体标准，然后学生以"导读"作指引，阅读典范的例文，从感性认识入手学习领会他人的写作方法，之后在老师的辅助下学习必要的写作理论知识，为下一步完成写作训练练习作准备。在此基础上再按"训练设计"规定的若干个训练点，完成与训练点对应的写作训练练习。教材在训练习题中提供了"写作材料""写作参考实例""写作步骤""写作方法提示"等辅助资料，帮助学生完成各训练点的训练练习。训练点是写作能力的基本单位，学生按训练点完成写作训练，"一练一得"。学习过程遵循以读带写、落实到写，动手动脑自主学习的原则，通过写作训练掌握写作技能。

使用这本教材时可根据学校教学计划规定的这门课程课时的多少以及学生专业的不同，选定11个项目中的若干个项目作为必学内容进行教学，其余项目可作学生课外阅读自学。本书另配练习题详细答案及教学参考资料，可供教师使用。

本书是在原中职国家规划教材和中职改革创新示范教材的基础上修订而成，修订工作由主编刘康乐完成。原书参编人员有刘俊明、柳胜辉、崔斗。

对本书存在的不足之处，欢迎使用者批评指正。

编　者

2019年3月

目　录 Contents

项目一　财经应用文的主旨确立、材料选用、结构安排 …………………（1）

项目二　财经应用文的语言表达 ………………………………………（12）

项目三　财经应用文的写作格式规范——公文格式 …………………（22）

项目四　商务信函、求职信 ……………………………………………（38）

项目五　计划、方案 ……………………………………………………（51）

项目六　合同、协议书 …………………………………………………（65）

项目七　广告词、产品说明书 …………………………………………（77）

项目八　市场调查报告 …………………………………………………（88）

项目九　经济活动分析报告 ……………………………………………（97）

项目十　总结 ……………………………………………………………（104）

项目十一　经济论文 ……………………………………………………（114）

项目一　财经应用文的主旨确立、材料选用、结构安排

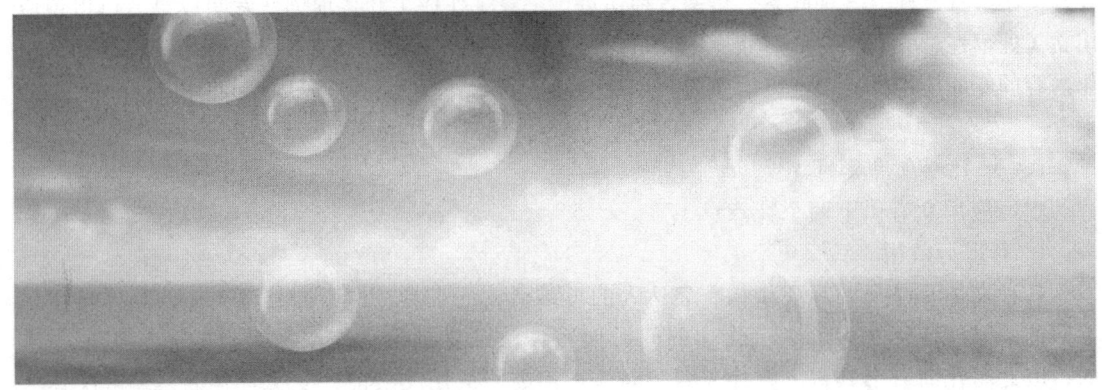

 **学习目标**

　　明确学习财经应用文写作的意义，了解财经应用文的特点。熟悉财经应用文主旨的三种表现形式，学会用一两句话来表述主旨；学会按主旨表达的需要围绕中心选用材料；认识和理解总分式结构和并列式结构。

 **知识准备**

一、财经应用文的用途、特点

（一）财经应用文的用途

人生活在社会上要工作，要学习，要表达思想、传递信息，这些单靠口头语言表达来完成是不够的，必须还要借助书面语言表达——写作来完成。写作是整理和深化我们思想的一种方法，是思维成果的准确表述，是我们完成各项工作的必要手段。古人说："八音与政通，而文章与时高下。"（【唐】刘禹锡）意思是说，音乐与政治相通，而文章与时代盛衰相连。这句话深刻地说明了文章写作与人们的工作、社会发展有着非常密切的关系。

应用文是为适应工作、学习、生活的各方面需要经常使用的有直接应用价值的实用文体。应用文写作技能在现代生活中所起的作用十分重要，人们用应用文来组织指挥生产经营活动、处理大小事务、建立各种联系、传递各种信息、记录工作成果和各项创新发明成果，可以说应用文无处不在，无时不有。财经应用文是应用文的一种，它是以财经工作、财经实践活动为写作内容的专业应用文。财经应用文为当今社会经济领域各行业工作人员广泛使用。

（二）财经应用文的特点

财经应用文有以下两个特点：

1. 有现行效用

各种文体都是反映客观事物、表达人的思维活动的工具，但不同类型文体的具体功用是不同的。财经应用文为解决工作中的问题而写作，以直接为工作服务为目的，是用来办事的，因此写作时直书其事、直接表意。写作一篇财经应用文之前，受文者是谁，要解决什么问题，达到什么目的，都很明确。

2. 规范的写作格式和固定的写作程式

财经应用文有规范的写作格式，其写作格式以公文格式为标准。固定的写作程式是指：财经应用文的每一个文种，其写作内容都有相同的、固定不变的组成要素，而且这些组成要素在写作时的表达次序是一定的、不变的。比如，市场调查报告的写作内容必有以下四个要素：①概述（调查目的、调查对象、调查方法、调查资料的可信度即调查的质量）；②调查结果（即通过调查了解到的事实）；③对调查结果的分析；④对策建议。所有的市场调查报告写作时都要按以上次序依次表述这四部分内容。

财经应用文固定的写作程式甚至贯穿到文种写作内容的某一个要素的具体写作中去。比如，合同有三个组成要素：①约首（合同双方的名称、地址等）；②约定条款（双方商定的共同遵守执行的具体条款）；③约尾（签约人、公证人、签名盖章）。在写"约定条款"这一内容要素时，必先写标的数量质量条款，然后写价格报酬条款，再写履行期限、地点、方式等条款，最后写违约责任条款和解决争议的方法条款，以上几项条款一项都不能少，表述顺序不能颠倒改变。

财经应用文在财经工作领域广泛使用、经常使用，为了让财经应用文的写作者能高效率地完成写作任务，同时也便于阅读财经应用文的相关人员容易理解接受其内容，我们必须按照财经应用文的写作格式和写作程式来写作财经应用文。

二、财经应用文的主旨确立

（一）主旨的含义

通过一篇财经应用文的全部内容表现出来的基本观点、意图或要说明的主要问题，就是这篇财经应用文的主旨。主旨是一篇财经应用文的中心。

看一篇财经应用文写得好不好，要先从内容上衡量，看其观点意图是否正确、明确，要说明的主要问题是否说清楚了。主旨统领一篇财经应用文中各个部分的内容。大到文章的一个部分，小到一个自然段、一句话，都要由主旨统摄。材料选取、结构安排、语言表达，都要为主旨服务并根据主旨表达的需要而酌定，而不能有悖于主旨或游离于主旨之外。

（二）主旨的要求

1. 鲜明

一篇财经应用文肯定什么，否定什么，要求做什么，提出应该怎样做，或者要说明什么问题，都应该十分明确、毫不含糊。财经应用文的主旨还应直接在文章中的某个地方写出来，明白显露，让阅读者容易看懂、接受。

2. 客观

财经应用文的主旨必须符合客观经济规律，符合有关的财经政策法规和客观实际，必须准确无误。财经应用文虽是由个人执笔撰写，但其内容主旨是集体意志的体现，是领导决策的反映，是代表一个单位或一个部门立言。

3. 单一

一篇财经应用文只能有一个中心，只表达一个主旨，只集中解决一个问题，要一文一事。写作财经应用文要做到主旨单一，作者下笔时就要有明确的写作目的，目标始终如一。

（三）主旨的表现形式

主旨在财经应用文中具体的表现形式主要有以下三种：

1. 标题现旨

标题现旨即用文章的标题概括出主旨，使阅读者一目了然。

2. 开头明旨

开头明旨即在篇首写明主旨，开门见山，以主旨统领全文。

3. 篇末点旨

篇末点旨即在文章结尾处点明主旨，以主旨归纳全文。

三、财经应用文的材料选用

（一）材料的种类

财经应用文的材料是指作者为了某个写作目的，为表达主旨而直接或间接地从实践活动中收集到的事实事例、统计数据、资料以及相关的政策法规文件条文和科学理论依据。材料是使文章做到言之有物、言之有据的根本保证，观点需要材料来证明，问题要靠材料来说明。材料是确立主旨的基础，主旨不是凭空产生的，而是在充分地占有材料，并用正确的指导思想和政策法规分析材料后得出的。

财经应用文的材料分为两类：一类是事实性材料，主要包括实践活动中的事实、典型事例和统计数据等；一类是理论性材料，主要包括国家制定的工作方针政策、各级主管部门颁布的政策法规文件条文、科学论著的有关论述等。

（二）取材的方法

取得材料的方法有两种：一是深入实际调查研究，获取第一手材料；二是通过查阅有关资料文件获取第二手材料。由于条件的限制，写作者不可能事事都实地去调查，这就可以通过查阅一些可靠的有价值的资料，如统计资料、文件档案、报刊书籍、音像资料、网上信息等，间接地获取一些需要的材料。

（三）选材的要求

1. 切题

要根据主旨的需要来选择材料，从财经应用文全篇来说，选用的材料必须能从不同的方面、不同的角度来说明主旨，所用的材料都围绕主旨、紧扣主旨。

2. 真实

不能凭空捏造、虚报夸大，也不能故意隐瞒或张冠李戴。应该采取端正的立场、扎实的作风进行调研，在此基础上选用真实可靠的材料。选用第二手材料时，要注意核实其真实性。

3. 典型

实践活动现实中能说明问题的材料常常很多，而各个材料说明问题的程度是有差别的，我们应在同类材料中选取最有代表性、最有说服力、能集中反映事物本质的材料，即典型材料，为表达主旨服务。所谓典型材料就是符合一定严格标准的材料，财经应用文中的典型材料是指典型的事、典型的经验、典型的问题、典型的数据等。

4. 新鲜

材料新鲜是指材料要能说明客观事物的最新面貌。要尽量少用或不用陈旧的材料，尽可能用近期的新材料。

（四）材料的使用

使用材料首先要做的事是对要用的材料进行分类，并对各个材料作简短的批注，说明其具体用途。材料可以按不同的分类标准进行分类，如可将材料分为正面材料（成功的做法、先进经验等）和反面材料（落后的现象、存在的问题等）、综合性材料（反映事物概况整体面貌的材料也即"面"上的材料）和典型性材料（有代表性的某个"点"上的材料）。然后要将各种材料恰当地结合起来使用，使财经应用文既全面又深刻地反映事物全貌。

财经应用文写作经常采用"引用"的方法来使用材料，即援引事实、事例、数据或政策法规条文、有关论述依据来阐述要说明的问题。引用方式有两种：一是明引，即直接引用，就是在援引事实、事例、数据或条文、有关论述的前面或后面说明其出处或来源；二是暗引，即间接引用，就是不说明出处，而是把所引的材料融进自己的表述中。

四、财经应用文的结构安排

（一）结构的含义和要求

结构是写作者在文章中采用的安排材料的具体方式。文章的写作不但要言之有物（有材料、有内容），而且还必须言之有序，要安排好各个材料在文章中的位置和表达顺序，确定文章分几大部分，每个大的部分又分成几个自然段，先写什么后写什么，设计如何开头，怎样结尾等，这就是文章的结构，通常把安排文章的结构称做谋篇布局。

财经应用文的结构安排要做到严谨、明晰。严谨是指结构严密完整，各部分内容衔接紧密。明晰是指全文结构纲目清楚，脉络清晰，条理分明。

（二）总分式结构

总分式结构是"总说"与"分说"相结合、文章的各部分内容之间为领属关系的一种结构方式。具体讲就是：在文章的开头部分作简短概述，或表明主旨，或概括全文内容要点，这是总说。然后在文章的主体部分围绕主旨从几个方面进行阐述说明，这是分说。有的财经应用文在总说和分说之后还专门安排一个结尾作归纳小结，这种先总后分再总的方式也是总分式结构。

采用总分式结构可以使文章纲目清楚，既便于写作者对要说的事、要表明的看法意见能够从各个方面作全面的阐述说明，又便于阅读者把握全文的中心和要点。总分式结构是财经应用文写作的基本结构方式，一篇财经应用文的写作，从整体上看通常是采用总分式结构。如工作报告、计划、方案、合同、市场调查报告、经济活动分析报告、总结等财经应用文都是采用总分式结构。

（三）并列式结构

并列式结构是文章的各部分内容之间呈并列关系的一种结构方式，各部分内容相对独立，从不同的方面来表述事物的全貌。并列式结构通常用在一篇财经应用文的主体内容（即不包括开头部分和结尾部分的内容）的安排上。财经应用文写作中的并列式结构常采用条目形式，分条列项标序号对文章内容逐一表述。采用条目形式使文章内容显得特别明晰、简洁，易读易记，需引用时也方便。合同中约定的条款，计划、方案中要完成的各项工作，工作报告、总结中已完成的各项工作等，都采用并列式结构条目形式来表述。

一篇财经应用文的写作，常常是把总分式结构方式和并列式结构方式结合起来用。

 训练设计

训练点	写作训练习题
1. 强化和巩固理论知识的认知与记忆	练习题一
2. 写作简单的日常应用文（应用文写作能力自测）	练习题二

3. 主旨的三种表现形式运用　　　　　　　练习题三
4. 选材用材方法运用　　　　　　　　　　练习题四、五
5. 总分式结构运用、并列式结构运用　　　练习题六、七

写作训练练习

一、判断下列说法的对错，对的打√，错的打×。

1. 写作能力是做好工作必须具备的基本能力，谁要想到社会上去一展身手，谁就得掌握工作需要的应用文写作能力。　　　　　　　　　　　　　　　　　　　　（　　）

2. 写作财经应用文，就是财经工作人员在做本职工作内的一项工作，如写一个商务信函、写一篇市场调查报告、制定一份产品销售方案、构思一段广告词、签订一个合同等。
（　　）

3. 财经应用文写作与其他写作（比如记叙文写作、议论文写作、文学写作等）相比较，它们共同的特点是：内容务实，旨在解决工作中的问题，读者对象是确定的。
（　　）

4. 财经应用文写作很简单，一听就懂，一看就会。　　　　　　　　　　（　　）

二、写一篇内容简短的应用文，如请假条、开展某项活动的通知、寻物启事等，任选以上一种写出来，看看自己是否会写比较简单的应用文。写作要求：内容简明、格式正确。

三、下面三篇财经应用文的主旨分别写在了文章的标题、开头、篇末三个不同的位置，阅读这三篇文章之后，把文章中表述主旨的一句话找出来，写在文后的横线上，然后完成填空。

[例文一]

关于引进设备的验收报告

厂部：

我厂 2019 年 3 月从德国引进的生产低压金属化电容器的全套设备，经过两个月的安装，已于 5 月 10 日开始试车。现在设备运行情况良好。生产水平已达到设计能力的 70%，产品质量也已基本达到设计标准。为此，于 5 月 15 日由厂部会同设备科和技术科组成验收小组，并聘请××大学××教授参加，对这套设备进行了为期 5 天的全面检查和验收。验收小组的成员一致认为这套设备具有国际先进水平，安装质量合格，可正式交付使用。

特此报告。

××厂引进设备验收小组

组长　×××

2019 年 5 月 24 日

本文的主旨：＿＿＿＿＿＿＿＿＿＿＿＿＿＿＿＿＿＿＿＿＿。

[例文二]

出口雨水成本低利润大

一些阿拉伯国家水比油还贵，如沙特阿拉伯雨水就极度缺乏，不得不经常进行人工降雨，去年该国就引进了中国产Y-12型飞机启动人工增雨项目。最近日本商人经过反复研究，找到一种比出口淡化海水更简单更省钱的方法：出口雨水。从多雨的日本海接到雨水，用轮船运到阿拉伯国家，多种费用加在一起，每吨成本不到1美元，利润可观。第一个接受这种特殊产品的是阿拉伯联合酋长国，该国计划每年进口2,000万吨雨水用来灌溉和开垦荒地，种植农作物。为了保证出口雨水的质量，防止污染，日本三菱公司还专门成立出口雨水的专业公司。日本专家还研究出了一种清除轮船内石油废渣的方法，利用油轮运载雨水，往返不空驶，大大降低了出口雨水的成本，增加了外汇收入。

本文的主旨是：＿＿＿＿＿＿＿＿＿＿＿＿＿＿＿＿＿＿＿＿＿。

[例文三]

冰箱市场正在改变——从双门到多门

今年年初以来，各知名品牌冰箱厂家几乎都推出了相应的对开门冰箱新品，多门冰箱的零售量呈现出翻番增长的态势，已经进入了市场需求的爆发期和快速成长期。

随着我国消费市场逐渐细分，从双门到三门乃至六门等多门设计，是冰箱市场发展的必然趋势。来自几家家电大卖场的数据表明，迅速增长的中等收入阶层的消费倾向是购买高端新型商品，以三门、多门冰箱为代表的高端冰箱正在成为市场主流。

双门冰箱是过去长期占据国内市场的主流产品，多门冰箱的出现为各种食品提供了更为科学的储存空间，实现了更多的温区，在冷藏室与冷冻室外，开辟了独立控温的、适合短期存储蔬菜和肉类的精确控温冷冻区。比如目前市场上出现的三门冰箱，让冰箱中间门本身变成能为不同食品提供最佳储存温度的独立空间，相当于多加了一台小冰箱。

多门的分区保鲜给生活带来了更多的方便，除了花样繁多的食品，化妆品、茶叶等许多需要精细保存的东西也已经开始进入冰箱分类存放。多门冰箱除了通常的冷藏和冷冻区外，还有独立的制冰室、深冷速冻室以及独立果菜室等特别设计。特别是一些六门冰箱，冷藏室设计成左右对开门，并且取消了传统对开门中间的隔墙，可以存放体积更庞大的美味。另外还根据不同食物的温度需求，更细地划分了使用空间，各类食物专位专放，存取更方便、不串味。与三门相比较，四门、六门冰箱使食物的储存更科学、合理、节能、卫生。消费者对多门冰箱的人性化功能十分看好，大容量多门冰箱正在被越来越多的消费者接受。

本文的主旨：＿＿＿＿＿＿＿＿＿＿＿＿＿＿＿＿＿＿＿＿＿。

填空：
以上三个例文的主旨表现形式：例文一为_____；例文二为_____；例文三为_____。
A. 标题现旨　　　　B. 开头明旨　　　　C. 篇末点旨

四、阅读下文，完成填空。

我市有一个工厂生产钨铬磷耐磨铸件，用的是旧式铁炉，铁水温度不稳定，废品率一直很高。我们五次登门向这个厂宣传新式炉的好处，并把图纸送到他们手上，但他们仍无动于衷。后来市里召开改炉节电现场会，特地请他们参加，让他们亲眼看到改炉后的好处，他们才把旧式炉改成了两排大间距炉，焦铁比例从原来的1∶5.6提高到1∶10以上。

我们通过多种形式有组织地推广了电子激光、远红外线、功率因数补偿、先进刀具、太阳能、热处理等30多项新技术。这些新技术的推广普及降低了消耗，提高了生产力，促进了生产的发展。2015年，在电力缺口达30%的情况下，全市完成的工业总产值超过历史最好水平，纯利润比历史最高水平将近翻了一番。

填空：
上面两段话摘自《××市科技局推广普及科技成果工作总结》一文，就所选取的材料的范围而言，第一段采用的是____的材料，第二段采用的是____的材料。就材料的性质而言，第一段采用的是____的材料，用来说明科技局为了使科技成果转化为生产力所做工作的深度，第二段采用的是____的材料，用来说明科技局在全市推广科技成果所做工作的广度。
A. 综合性　　　B. 典型性　　　C."面"上　　　D."点"上

五、下面这篇市场简报中，有些不切合主旨表达需要、不典型的材料应该删去，通过完成文后的练习指出此文选材存在的问题。

全国电子琴产品大量积压

据有关部门调查，风行一时的电子琴已处于滞销状态。电子琴曾被广大音乐爱好者所喜爱，它发出的声音悦耳动听，工作之余弹上一曲，会使人心旷神怡。据统计，现在全国积压的电子琴达200万台，占用资金约两亿元，××市电子行业的四个企业就压货1.7万台。这实在是浪费资金，与当前资金紧缩的政策是相违背的，应引起我们高度重视。据分析，电子琴滞销的主要原因是：

一、产大于销。目前全国电子琴生产企业有两万多个，年产300万台，而市场需求量仅为100万台。

二、消费面窄。电子琴的购买者主要集中在一些大城市，一般都是为了培养少年儿童而购买，成人购买者很少。

三、宣传不力。对电子琴的宣传没有做到家喻户晓，人尽皆知。特别在农村，有的人还不了解电子琴这个产品。

四、质量低劣。电子琴产品的质量普遍不好，信誉差，返修率高，售后服务跟不上。

我们建议生产厂家调整产品结构，积极开拓新的销售市场，并努力提高产品质量，改进售后服务。

填空：

1. 开头一段中应该删除的句子是：（写出句子原文）

（1）_____。

（2）_____。

2. 不属于"电子琴滞销的主要原因"的是第____个原因。

六、下面这篇工作总结（例文中部分具体内容省略）采用了总分式结构，何处是"总"？何处是"分"？请你在文中标明，并加以说明。

万宝技术服务中心 2018 年工作总结

2018 年，万宝集团技术服务中心全体员工和分布在全国各地维修网点的员工一起，根据总经理关于"售后服务是企业的命根子"的指示精神，坚持"拥有万宝电器，享受一流服务"的宗旨和"一切为了使用户满意"的标准，发扬"同心多奉献，全力创一流"的企业精神，大力开展优质服务活动，扎扎实实地做好各项工作，实现了 2018 年的总体目标。全年维修合格率达 99.8%，比去年上升 30.3%；维修返修率为 0.2%，比去年下降 30.13%；用户来信处理率为 100%，全年未出现重大的维修质量投诉，赢得了用户和社会各界的好评，促进了万宝系列产品的销售，促进了万宝售后服务工作向服务质量标准化、服务网络体系化、服务管理规范化、服务方式多样化、服务经营一体化的方向发展。2018 年被评为全国优质服务企业。

一、回顾一年来我们主要做了以下几项工作：

（一）优化网点建设，加强网点管理

1. 开展网点升级达标活动。（具体内容略）
2. 开展网点调研考察，优化网点结构，合理调整网点布局。（略）
3. 开展用户抽查，扩大维修服务的覆盖面。（略）

（二）调整售后服务策略，适应市场和用户需要

1. 增加服务项目，扩展服务范围。（略）
2. 转换服务形式，提高服务水平。（略）
3. 开拓服务经营一体化道路，增强自身实力。（略）

（三）提高员工素质，深化优质服务（略）

（四）开展"万宝电器百日维修服务质量无投诉"活动（略）

二、经验、体会：

（一）……。（具体内容略）

（二）……。（略）

三、存在的问题和今后的打算：

（一）……。（具体内容略）

（二）……。（略）

（三）……。（略）

2019 年将是万宝事业发展的关键一年，也是实现万宝集团中期发展规划的决定性一年。

我中心必须进一步贯彻落实公司领导关于"售后服务是企业的命根子"、"服务先于销售"的指示精神,坚持"一切为了使用户满意"的最高标准,把售后服务工作作为首要任务,为维护万宝信誉做出更大贡献。

七、阅读下面的法规类财经应用文后完成填空:

这篇财经应用文采用的是并列式结构(条目形式),此文主体内容并列写了某公司废水控制规定的_____、_____、_____、_____、_____共五条规定,其中_____这一条规定中又并列写了_____的控制、_____的控制、_____控制和_____监测四个方面的规定。

××公司废水控制规定

为了控制本公司的废水排放,减轻对水环境的污染,特制定本规定。

第一条　适用范围

本规定适用于本公司废水(包括生产中产生的废水和生活污水)排放管理,各相关岗位操作按此规定执行。

第二条　职责分工

一、本公司内产生废水的各部门负责本部门的水污染防治工作

二、本公司质量与环保部负责废水排放的监督与管理工作

第三条　作业内容

一、生产废水的控制

1. 工艺废水减量。在满足工艺要求的前提下减少溶剂用量和用水量,以减少工艺废水发生量及降低污染物浓度。

2. 必须使用无磷洗衣粉,不得在水池中冲洗油抹布和油拖把。

3. 生产过程中各种高浓度的有机溶剂、化学废液和油类不得倒入污水管道,应用容器专门收集,统一处理。

4. 滴在地上的油及化学品应用抹布擦拭干净,禁止用水冲洗流入下水道。

5. 严禁在厂区内冲洗汽车,以免将油污冲入下水道。

6. 经常对污水管道进行清洗疏通,防止管道堵塞。

二、生活污水的控制

1. 食堂污水。

(1) 严禁将食堂的残油、剩饭菜倒入污水管道,严禁使用含磷洗涤剂冲洗餐具。

(2) 食堂污水排放口设置过滤网,滤出的生活垃圾按固体废弃物处理。

2. 厕所污水。

(1) 厕所清洁员按厕所保洁制度经常检查厕所内设备的运行情况。

(2) 每年清洗一次化粪池。

三、雨水控制

1. 设置专门的雨水管道,实行雨污分流,禁止将污水排入雨水管道。

2. 生产垃圾和生活垃圾不允许露天堆放,以确保雨水不被污染。

3. 设置初期雨水池，使之能够容纳初期十分钟的雨水，并通过阀门切换或水泵抽送排入污水收集系统。

四、污水监测

1. 公司质量与环保部每年委托市环保监测站依据《污水综合排放标准》（GB8978-2015），对本公司的污水排放情况进行一次监测。

2. 如监测发现超标，要及时分析原因并采取纠正措施。

第四条 问　责

违反本规定造成一定后果的，追究直接责任人及所属部门负责人的责任，按"过失""事故""严重事故"三种鉴定结果进行处理，违规行为触犯国家环保法规的承担法律责任。

第五条　支持性文件

本规定的依据及参照标准是《污水综合排放标准》（GB8978-2015）。

本规定自2021年1月1日起执行。

项目二 　财经应用文的语言表达

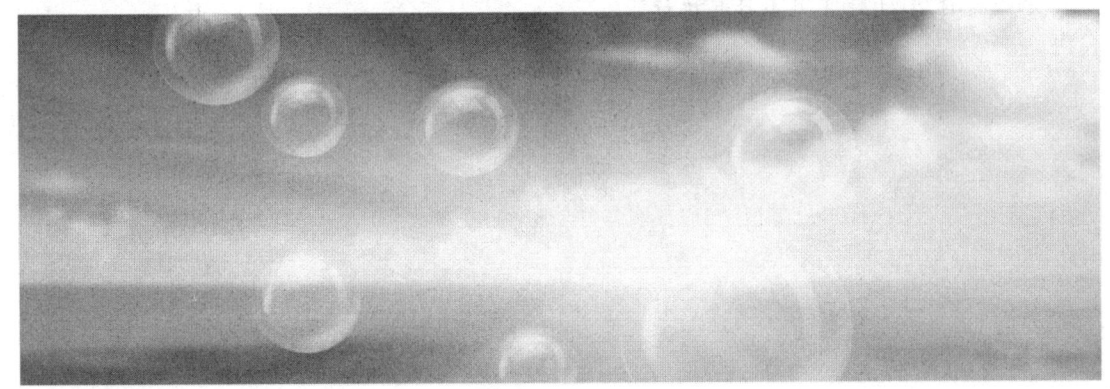

 **学习目标**

　　学会运用财经应用文写作常用的各类词语（惯用词语、专业词语、书面语、敬谦语等）准确恰当地表述财经应用文的写作内容；学会删繁就简，掌握概述和简述这两种叙述方法；做到写作用语适合交往双方的身份和特定的交际语境；学会采用几种修辞方法增强表达效果。

 **知识准备**

　　财经应用文的主旨、材料、结构都要通过语言文字显现出来。财经应用文写作的成功与失败、好与坏，最终要看写作者个人的语言运用能力和语言修养。财经应用文的语言应该做到准确、简明、得体、生动。

一、准确

准确，就是语言要贴切地表达观点、意图，说明有关问题事项。在表述事物的性质、数量、程度等情况时做到字斟句酌、精准恰当。

语言准确主要体现在词语的运用和句子的表达上。词语是语言材料的一砖一瓦，是写作的基本原材料。用词要精确，避免产生歧义。要正确使用介词、数词以及财经应用文写作的惯用词语、专业词语。句子的表达运用要遵守语法规则，避免语病。

二、简明

简明，就是要用简练、明白、易懂的文字表述文章内容。财经应用文特别讲求实效，因此语言应言简意赅，写作时要做到紧扣中心、删繁就简，避免重复堆砌。

概述和简述是使财经应用文的语言做到简明的重要方法。财经应用文写作中只需说明财经实践活动的基本情况、客观事实，无需讲述事情的详细过程和细节，因此一般只用概述和简述，而不用详述。

概述就是概括地叙述。概述的方法是，对所要叙写的财经实践活动进行归纳，把时间和空间跨度较大的财经实践活动内容用浓缩的语言表述出来，言简而意全。财经应用文写作中的概述是对财经实践活动的总体、"面"上的情况的概括，如写财经工作总结、经济活动分析报告时开头部分都要用概述。

简述就是简短的、简明扼要的、去掉细节的叙述。如果说概述的对象是若干同类事物现象，那么简述的对象就是某一个事物现象，它适用于对单一事物现象进行有效叙述。这种叙述是一种选择叙述、梗概叙述的方法。简述的要领是：削枝丫、留主干、抓线索、画轮廓。反映情况的报告、市场调查报告等文种的写作都要用简述。

概述和简述的共同要求是尽量减少文字篇幅，使语言表达做到简明。由于叙述的对象不同，两者采用的方法也就不同，前者是抽象，后者是删繁。

三、得体

得体，是指语言运用要受特定的作者身份、读者对象的约束，要切合交往双方的工作关系及特定语境，做到不出格、不失范。表述法规制度的语言要庄重严肃，揭露问题总结教训的语言要中肯有力，肯定成绩介绍经验的语言要热情振奋，提出建议要求的语言要平和肯定。对上级用语要礼貌恭敬，对下级用语既不失威重也显出平易之风，平级单位之间用语要友好尊重。

为了使语言做到得体，财经应用文写作一般都使用书面语而不用口头语，敬谦语使用得比较多。

四、生动

生动，是指财经应用文写作要适当运用一些新鲜活泼、大众喜闻乐见的语言来表述财经实践活动的现实，体现财经实践活动的时代气息。具有可读性，是对一切文章的要求，因此可以适当采用某些修辞方法来增强财经应用文的说服力和表达效果，更好地实现财经应用文的应用价值。

 训练设计

训练点	写作训练习题
1. 强化和巩固理论知识的认知与记忆	练习题一
2. 财经应用文写作中各类常用词语的精准使用、语病纠错——"准确"	练习题二至练习题十一
3. 财经应用文写作中概述和简述的运用——"简明"	练习题十二
4. 财经应用文写作中书面语、敬谦语的运用	练习题十三、十四
5. 用切合身份和交际语境的语言模拟写作产品推介词——"得体"	练习题十五
6. 财经应用文写作中四种修辞方法的运用——"生动"	练习题十六

写作训练练习

一、填空题：

1. 财经应用文的语言应该做到_____、_____、_____、_____。

2. 概述是把_____和_____跨度较大的财经实践活动内容用浓缩的语言表达出来，是对财经实践活动的_____和_____的情况的概括。

3. 简述适用于对_____进行有效叙述。简述的要领是：_____、_____、_____、_____。

二、改错题：

1. 找出下列各例中的错别字（注意带点的词语），加以改正。

(1) 关系融恰　　(2) 忠心祝愿　　(3) 感到荣信

(4) 竟争激烈　　(5) 寻物启示　　(6) 降价消售

(7) 浪废资源　　(8) 接交朋友　　(9) 申辨理由

(10) 按步就班　　(11) 瞻养父母　　(12) 筹积资金

(13) 十足年龄　　(14) 彼此熟习　　(15) 按照贯例

2. 改正下列各例中的错别字：

(1) 我省一些大中型骨干企业在实行"以科技进步促经济效益"的企业发展战略中作

了新的偿试。

（2）本书如发现有印刷、装钉等质量问题请直接寄回印刷厂调换。

（3）该产品已连续三年蝉联最佳产品贵冠。

（4）煤炭、石油、钢铁是发展工业所必须的原料。

三、给下面这篇短文加上标点符号。

推销术死者与阎王的对话

××人寿保险公司的推销员曾经这样推销保险每到一处便先打开自带的录音机播出一段死者与阎王的对话死者说我应该到天国去怎么到地府来了阎王说你没有资格上天国呀为什么你死后你的亲人吃饭都成问题你上什么天国可我是死于意外事故的阎王说问题就在这里如果你投保了××人寿保险就不会有这样的问题了

这段杜撰之语别出心裁但取得了出奇的效果就连对保险不感兴趣的人都情不自禁地纷纷投保××保险公司一下就获得了大量的保险金额这位推销员的业绩直线上升令同行赞叹不已

四、选择题：

1. 下列各句中加点词语使用正确的一句是：_____

A. 自海南首开国土使用权有偿转让的先例以来，全国各地效尤者接二连三。

B. 企业新建厂房，要充分利用集镇闲散土地，不得占用耕地。

C. ××股份有限公司的经济状况已是捉襟见肘，完全无力按期偿还贷款。

D. 去年在国内彩电市场严重滞销的情况下，××公司率先大幅度降价销售，暂时的亏损是免不了的，但最终迎来了购销两旺，经济效益一下跃居全国同行业前茅。

2. 选择合适的一项，将此项的三个词语依次填写到三个句子中去：

（1）中法两国在经贸领域互利共赢、你中有我、我中有你的_____已经初步形成。

今年我公司的盈利额达到××万元，_____与去年持平。

这家企业改革的任务_____是减员，更重要的是增效。

　　A. 布局　大致　不止　　　　　　B. 格局　大概　不止

　　C. 格局　大致　不只

（2）由于环境污染和一些人为的原因，著名的阿尔巴斯山羊绒的品质正在逐步地_____。

他利用职权_____纳税大户偷漏税的行为已经被揭露。

如果不彻底转变旧观念，我们就迈不开前进的_____。

　　A. 蜕化　袒护　步伐　　　　　　B. 退化　保护　步子

　　C. 退化　袒护　步伐

（3）提高政府部门的办事效率，促进投资软环境的_____，已成为大家的共识。

市场法制不健全，监督管理机制滞后，经济活动中合法与不合法的_____不分明，这些都是需要解决的问题。

任何企业都要合法经营，不能靠歪门邪道来_____。

A. 改善　　界限　　盈利　　　　　　B. 改进　　界线　　营利

C. 改善　　界线　　营利

五、选用适当的介词填在横线上：

A. 关于　　B. 根据　　C. 据　　D. 按　　E. 向　　F. 比　　G. 对　　H. 从

1. _____不完全统计，这次补交税款总金额达450万元。
2. 他们_____市场变化，很快开发研制出新式"飞亚达"手表，迅速占领了市场。
3. 老老实实_____政策办事的人应该受到鼓励。
4. _____任何违反商标法的侵权活动，工商管理部门都要依法予以取缔并进行处罚。
5. ××公司去年_____国家上缴了200万元税金，受到有关部门的表扬。
6. 今年江汉宾馆营业收入_____去年增长了65%。他们的改革取得了明显成效。
7. 中国人民银行总行最近发出了《_____金融保险业贯彻实施新会计制度有关问题的通知》。
8. 因各炼油厂自销高价油，我市石油公司_____炼油厂进货也要受到影响。

六、选择题：

1. 下列各例准确地使用了数字和数量词，数字在句子中的用途各不相同，请将答案填在横线上。

A. 用数字计算　　B. 用数字证明　　C. 用数字进行对比

（1）出口产品的质量在国际竞争中居于首要地位，我国有的出口产品在国外市场上沦为"地摊货"的原因就是因为存在某些质量缺陷。2014年我国出口陶瓷产品近7亿件，居世界第一位，而换汇金额却排在第7位。我国出口的陶瓷产品平均售价为0.2美元/件，而新加坡的为1~1.5美元/件，德国的为2.5~3美元/件。_____

（2）2015年上半年，集团公司在实现企业管理整体优化的基础上，以国内上好的工艺装备，严格按照国际标准ISO和国家最新技术标准生产十大类型、100多个结构、260多个系列、5个精度等级、1,600多个品种的轴承，向全国机电、冶金、农机、船舶、石油、采矿、化工、轻纺、铁路、交通等行业提供了大量的优质配套产品，并努力增加出口，取得了良好的经营成果。据有关资料计算，集团公司上半年的产品销售收入已达31,369万元，比去年上半年的25,691万元增长了22.1%；实现利润总额7,497万元，比去年同期的5,446万元净增2,051万元，增长了37.7%。集团公司的财务状况进一步好转，企业的经济实力正在逐步增强。_____

（3）2017年，××省工业企业共清出超储积压物资17亿元，如果能复活30%，就可搞活资金5亿元，节约利息支出近3,000万元。如果能复活50%，就可提供资金8.5亿元，减少利息支出近5,000万元。在资金、原材料十分紧张的情况下，从清仓查库入手，不仅能够降低成本，提高效益，而且还可以缓解资金的紧张状况、弥补原材料的不足。_____

2. 选择与数字相关联的助词"了"、动词"到"填入空中：

原定计划数是完成20,000件，如果现在超额5%，则是增加_____21,000件，增加

_____1,000 件。如果现在比原定计划降低_____5%，则现在的实际完成数是 19,000 件。

七、判断题：

数字的书写有时应该用阿拉伯数字，有时应该用汉字。判断下面写法的对错，对的打√，错的打×，并予以更正。

1. 星期5　　　（　　）　　2. 第2产业　　（　　）
3. 5省1市　　（　　）　　4. 10几天　　　（　　）
5. "12·9"运动（　　）　　6. 2个学生　　（　　）
7. 五六米长　　（　　）　　8. 7、8百件　　（　　）
9. 100公斤　　（　　）

八、判断下列各例中打横线的成语用得对不对，用得对的打√，用得不对的打×，并改用一个恰当的成语。

1. 几乎所有的造假者都是这样，随便找几间房子，拉上几个临时工就开始生产，于是大量的垃圾食品厂就雨后春笋一样地冒出来了。（　　）
2. ××公司上半年产品销售额直线下降，面对市场形势的风云变幻，他只好下令停产。（　　）
3. 这里的旅游景点美不胜收，特别是寺庙建筑宏大精美，结构巧妙，真可谓鬼斧神工，令中外游客赞叹不已。（　　）
4. 市场需求造就了大批跟风企业，一时间，保健品市场伪劣产品乘机而入，良莠不齐，危机由此产生。（　　）

九、判断下面各句中打横线的词语哪里运用的是"模糊语言"（即相对准确的语言），哪里运用了模糊不清的语言。属前者打√，属后者打×。

1. 从去年四季度开始，流动资金贷款的大量注入，暂时缓解了因库存积压而引起的支付手段的不足。（　　）
2. 对偷税漏税和拖欠税款的临时经营者，可以按照规定扣留纳税人的部分货物。（　　）
3. 公司规定，在夜间执行运输任务的司机和随车人员发放夜餐补助费。（　　）
4. 由于管理混乱，产品质量长期低劣、用户意见很大的企业应限期改进，必要时停产整顿，并根据不同情况酌情减发领导干部工资，停发职工奖金，直到产品质量达到合格为止。（　　）
5. 甲方这种做法是欺骗行为，甲方务必在最短期限内切实履行合同。（　　）

十、精简词语：

1. 填空：

为使下面这段话的表述达到简明，应该删去的重复或多余的词语是_____。

（写出划横线词语前的序号）

  2021年我公司将扩大生产规模，由原来的两条流水作业生产线增加到三条①流水作业生产线。由于我公司的厂房②本已狭小，因此急需扩建厂房。现在虽经我们③已多方④进行筹措，但经费问题仍然难以解决。为解决⑤眼下的⑥燃眉之急，特向银行申请贷款××万元。

  2. 将以下词语、词组进行节缩，使表述和使用都比较简便（如：应该—应；公共关系—公关）：

  （1） 凡是—   因为—

     经过—   按照—

  （2） 彩色屏幕—   仿造冒充—

     重新组合—   应缴税金—

  （3） 家庭装饰装修公司—

     无商标、无生产厂家、无生产日期的产品—

十一、修改病句：

  1. 我厂生产"长飞"牌电机已有多年历史，可以销售到全国二十几个省市自治区。

  2. 生产系统进行改造后，我厂的轧钢机具有了先进水平，不仅每年节约能源近600吨标煤，减少烧损2%，一年增产近8万吨钢材，两项效益达5,000万元。

  3. 我省的土地资源是全国最丰富的地区之一。

  4. 由于技术水平太低，这些产品质量不是比沿海地区的同类产品低，就是成本比沿海地区的高。

  5. 华容县和汉寿县的部分地区粮食减产了。

十二、下面两例是两篇财经应用文的开头部分，是概述，还是简述？选择对应的选项填在横线上。

  A. 概述   B. 简述

  1. 今年三月以来，我市××镇税务所连续三次发生遗失税收票据和税款被盗事件，现将有关情况通报如下：

  今年3月5日，该所专管员王××在酒店用餐时将10份完税证丢失；3月16日，该所副所长李××在外出途中将5份完税证丢失；更为严重的是，5月17日，该所专管员张××在酒店用餐时，其携带的1万元税款和票据全部被盗，后虽及时报案，但至今仍未破案。（摘自《××市税务局关于××镇税务所遗失税收票据和税款被盗的通报》）————

  2. 2019年上半年，我厂针对社会固定资产投资规模扩大和城市建设投入增加的情况，根据建材市场需求的变化，应用从西班牙引进的全电脑控制生产线和全套技术，适时扩大了各种彩色水泥地面砖以及具有质轻、高强度、抗裂、抗渗、抗冲击、耐热耐寒的钢丝网石棉水泥中波瓦和各种规格的钢盘混凝土排水管、输水管等产品的生产，满足各方面的需要，拓宽了销路，赢得了用户，取得了较好的经济效益和社会效益，企业财务状况明显好转。（摘自《××水泥制品厂经济活动分析报告》）————

十三、改错：

1. 将以下各例中的口头语（打横线处）改为书面语，填写到对应的括号中：
(1) 这个厂的经济效益<u>一年一年地</u>下降，最近<u>垮台</u>了。
　　　　　　　　　（　　　　）　　　（　　）
(2) 他被公司经理<u>炒鱿鱼</u>了。
　　　　　　　（　　　）
(3) 公司总经理<u>吩咐</u>我们这件事情要<u>马上办一下</u>。
　　　　　　（　　）　　　　　　（　　　　　）
(4) 请你们厂<u>帮个忙</u>解决这个技术上<u>难以解决的问题</u>。
　　　　（　　　）　（　　　　　　　　　）
(5) 经董事会研究，特聘请您<u>当</u>银海大酒店总经理。
　　　　　　　　　　　　（　）

2. 找出各例中不切合交际双方身份和语境的词语，并加以改正：
(1) 我先后两次光顾贵店都是用的自助餐。
_____。
(2) 李德华老师敬启。（用在信封上）
_____。
(3) 星期天我登门拜访你，请你在家恭候。
_____。
(4) 希望贵公司能聘请我。
_____。

十四、选用得体恰当的敬谦词语表述以下各种人际交往活动：

1. 向别人问好用：_____。
2. 迎接客人到来用：_____。
3. 等候客人用：_____。
4. 登门访问别人用：_____。
5. 向主人辞别用：_____。
6. 会面或聚会时中途先离开用：_____。
7. 问人姓氏用：_____。
8. 表示感谢用：_____。
9. 表示歉意用：_____。
10. 请别人谅解用：_____。
11. （言行）不顾地位、能力、场合是否适宜用：_____。
12. 求人办事用：_____。
13. 请别人指教用：_____。
14. 恭敬地把东西赠送给人用：_____。

15. 恭敬地把要说的事告诉给人用：_____。

十五、写一篇向客户推介产品的推介词，写作方法和写作要求如下：

[写作方法]

以某公司市场营销员或代理商的身份，选定一个你比较熟悉或有兴趣的产品，学习借鉴下面这篇市场营销员写的向客户推销产品的推介词的写法，写一篇产品推介词。推介词应包括以下内容：称呼（可以写明对方的职务，如王经理、张主管等）、对客户的问候语、自我介绍、说明来意、介绍产品性能特点、提出购买产品的建议、表明建立商务联系的愿望、致谢等。

[写作要求]

发挥你的创意和沟通能力，重点是写出产品的特点。用语得体、流畅，切合双方身份和交际语境，200字左右，写好以后在课堂上讲出来。

[写作参考实例]

产品推介词

××先生/女士：

您好！

打扰您一下，我是华英电脑公司的推销员，向您推荐我们公司的一种新产品。这是样品，请您先看一下。生产这种产品的工艺、设备都是最新引进的，产品质量很好，外形小巧、精美，使用起来很方便。我们有很好的服务。这是我的名片，请您收下。能否有幸得到您的名片呢？非常感谢！希望能再同您联系，谢谢！再见！

十六、为了使财经应用文语言生动，以下各例运用了不同的修辞手法，根据要求完成下列练习。

1. 下面两段话都用了比喻修辞方法，将比喻中的本体和喻体写出来。

（1）在改革开放的实践中经济特区成为全国的试验园地。

本体：_____。

喻体：_____。

（2）正确的理财思路应该是既要做大"蛋糕"，又要切好"蛋糕"。做好财政工作，首要的是想办法多生钱，千方百计促进经济发展，做大财政收入"蛋糕"。财政收入这块"蛋糕"做大了，财政部门还必须切好"蛋糕"，完善收入分配制度，切好"蛋糕"是财政工作的职责所在。

本体：_____。

喻体：_____。

2. 下列各例中都用了排比修辞，先找出这些排比修辞的句子或词组，划上横线，然后说一说运用这种修辞方法达到了怎样的表达效果。

（1）查账过程中看其是否做到账账相符、账证相符、账实相符。

（2）现在他们搞科研是嘴里吃着一个，手里拿着一个，袋里装着一个，眼睛盯着一个……（摘自《××市电子研究所体制改革的几点做法和体会》）

（3）他们初创新加坡航空公司时，新加坡只有190万人，但现在该公司已是世界上最大的航空公司之一，是世界上最受欢迎的航空公司之一，而且也是世界上最赚钱的航空公司之一。

3. 选择恰当的选项填入下面商贸服务行业用的对偶句中。

选项：

A. 宾至如归　　　B. 两倾品貌　　　C. 千里客投

（1）孟尝君店，_____。

（2）近悦远来，_____。

（3）十美容颜，五分造化，五分妆化；
_____，一半生成，一半饰成。

4. 将下面的对偶句填写完整。

（1）会计工作要做到张张凭证合法、笔笔_____。

（2）桃花潭水汪伦_____，芳草斜阳孙楚魂。（酒轩）

（3）陆羽闲情常品茗，元龙豪气_____登楼。（茶楼）

5. 下面各例中都用了顶针修辞，说说顶接部分有什么不同，然后以"美化环境搞好绿化多种树"为题（也可另选其他内容题材），运用顶针修辞方法写一段话。

（1）天时不如地利，地利不如人和。

（2）管理的中心在经营，经营的关键在决策，决策的重点是战略决策。

（3）人无我有，人有我新，人新我廉，人廉我变。

（4）会计人员的职责之一，是要及时的发现漏洞，发现了漏洞要查漏洞的原因，查出了漏洞的原因要及时把它堵塞住，只堵塞还不够，还要总结经验教训防止类似的情况发生。

项目三　财经应用文的写作格式规范
——公文格式

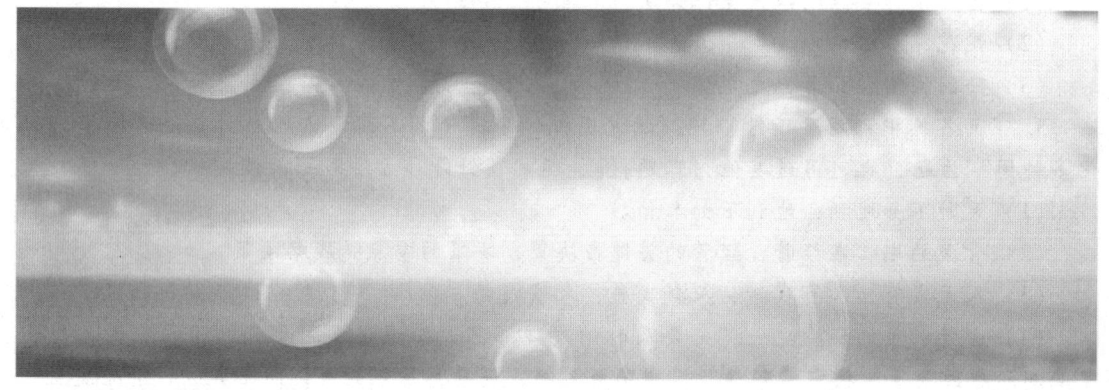

 **学习目标**

　　认识了解公文的用途、特点及种类，熟悉公文的格式，了解公文格式对财经应用文各文种写作的示范意义。熟悉公文各种惯用词语的用法，掌握公文标题和正文开头的写作方法，掌握报告的写作方法。

例文导读

[例文]
000001
机密★1年
加急

××县财政局文件

×××〔2019〕5号　　　　　签发人：×××

关于私设"小金库"问题的情况报告

××县人民政府：

今年十月以来，按照县人民政府的统一部署，我局会同监察、审计、物价等部门，对全县各有关企事业单位开展了为期一个多月的专项清查小金库的工作。通过清理检查，全县共查出存在小金库问题的单位42个，涉及金额约270万余元。现将有关情况报告如下：

此次清理检查发现，全县企事业单位私设小金库的现象比较普遍。在预先确定的50个重点检查的单位中，发现问题的单位有42个，其中问题比较严重的有15个。小金库问题主要有以下几种情况：一是收入不入账或设账外账。如××中学将门面房出租收入和其他单位支付的教室租用费、考务费等，全部在账外存放，自行使用。二是收入自收自支现象比较突出。如××职业学校总务科向学生收取饮水费、计算机上机费等共计10多万元，除支付必需的费用外，全部用于招待支出和本部门人员发放奖金，从不向学校财务部门报账。三是私自截留营业外收入。××运输公司将报废的固定资产变卖收入10多万元，作为公司小金库形式存放，用于各种非正常的招待费支出，在职工中造成很坏的影响。四是虚列成本，转移收入，这主要反映在县卫生系统。××医院在购入药品时，不按药品的实际进价计算成本，而是虚列药品成本，并将由此形成的差价50多万元作暂存挂账，用于支付其他支出。××医药公司甚至将该类款项中的15万元提出账外，单独存放和使用。

根据县委、县政府的有关指示精神，并按照有关规定，目前已完成清查小金库的定案处理及解缴工作，共纠正退还违纪金额180余万元，解缴入库金额70余万元。对隐瞒不报、情节恶劣的单位，除没收违纪金额外，建议县委、县政府对主要负责人做出严肃处理。

特此报告。

附件：1. ×××××
　　　2. ×××××

××县财政局
2019年12月20日

  （此文发至各财政所）
附件（另面编排）
抄送：×××××　×××××　×××××　×××××
　　　×××××

××县财政局　　　　　　　　　　　　　2019年12月20日印发

— 1 —

[导读]
  这篇报告以反映情况为主，同时也汇报了对查出的小金库问题所做的处理工作。
  开头一段概述通过一个多月时间专项清查查出的全县小金库问题的总体情况——有多少违纪单位、有多少违纪金额。
  然后用主要篇幅（第二段）详尽具体地报告了四种主要的违纪手法，点了有代表性的违纪单位的名。向上级反映情况既讲清了总体面上的情况又说明了"点"上的具体情况，点面结合，让上级机关能够了解掌握全县小金库问题的总体状况和违纪严重程度。这一段是以主旨句"全县企事业单位私设小金库现象比较普遍"领起此段全文的，其中四种违纪情况的说明是全文的重点，花的笔墨比较多。
  最后一段向上级汇报了针对查出的问题所做的处理工作及反映工作成效的具体金额，同时提出对违纪严重的单位的处罚建议，从写作方法上看此段是对全文的归纳。
  这个报告反映情况具体、完整，汇报工作简明扼要，针对突出问题提出的建议明确，行文安排有序（三个自然段包含的表述内容安排得合理、第二段中四种违纪手法列述有序），全文重点突出、主旨明晰。像这样从写作内容上和写作方法上都符合要求的报告，对上级机关了解情况和做出决策是有实际价值的。

知识准备

一、公文

（一）公文的特点

  公文是公务文书的简称。党政机关公文是党政机关实施领导、履行职能、处理公务的具有特定效力和规范体式的文书，是传达贯彻党和国家方针政策，公布法规和规章，指导、布置和商洽工作，请示和答复问题，报告、通报和交流情况的重要工具。依法成立的企事业单位和社会团体都可以制作使用公文。公文具有以下两个特点：

  1. 法定的作者

  各级党政机关、企事业单位、社会团体是公文法定的作者，党政机关、企事业单位和社会团体的领导人也是公文法定的作者，但以领导人签署发布的公文，不应视为领导人个人的意见，而是领导人行使其法定职权的体现。具体从事公文撰写的文秘人员或工作人员，不能视为公文的法定作者。显然，公文作者的概念与一般文章作者的概念是不同的。

2. 规范的格式

公文有规范的规格式样，这就是公文格式。国家有关部门对公文格式制定了严格统一的规定和要求，写作、制发公文都要遵守这些规定。

（二）公文的种类

按《党政机关公文处理工作条例》（中共中央办公厅国务院办公厅2012年4月联合发布）的规定，公文共有15种：

（1）决议。适用于会议讨论通过的重大决策事项。

（2）决定。适用于对重要事项做出决策和部署、奖惩有关单位和人员、变更或者撤销下级机关不适当的决定事项。

（3）命令（令）。适用于公布行政法规和规章、宣布施行重大强制性措施、批准授予和晋升衔级、嘉奖有关单位和人员。

（4）公报。适用于公布重要决定或者重大事项。

（5）公告。适用于向国内外宣布重要事项或者法定事项。

（6）通告。适用于在一定范围内公布应当遵守或者周知的事项。

（7）意见。适用于对重要问题提出见解和处理办法。

（8）通知。适用于发布、传达要求下级机关执行和有关单位周知或者执行的事项，批转、转发公文。

（9）通报。适用于表彰先进、批评错误、传达重要精神和告知重要情况。

（10）报告。适用于向上级机关汇报工作、反映情况，回复上级机关的询问。

（11）请示。适用于向上级机关请求指示、批准。

（12）批复。适用于答复下级机关请示事项。

（13）议案。适用于各级人民政府按照法律程序向同级人民代表大会或者人民代表大会常务委员会提请审议事项。

（14）函。适用于不相隶属机关之间商洽工作、询问和答复问题、请求批准和答复审批事项。

（15）纪要。适用于记载会议主要情况和议定事项。

公文按发文机关与受理机关隶属关系不同可分为上行文、下行文和平行文。下级机关向所属上级机关呈送的公文为上行文，如报告、请示等；上级机关向所属下级机关发送的公文为下行文，如通知、批复等；平级机关或不相隶属机关之间往来的公文为平行文，如函、纪要等。

二、公文格式

（一）公文格式的含义

公文格式即公文的规格式样，它包括公文格式的各个要素的书写格式（包括占格、空格、顶格、提行、空行等）、各个要素在文面上编排的规则、标识的规则、安放的位置和次序，此外还包括公文的用纸规格、排版印制的式样等。公文格式是公文的外在形式，是公文区别于其他文体的标志。公文格式的规范化、标准化既有利于显现公文的权威、功能和一定的行文关系，又便于公文的撰写、办理、归档和使用，国家质监总局和国家标准化管委会联合制定了公文格式的国家标准（GB/T9704-2012）。财经应用文很多是用于公务，要以公文格式为标准来进行写作。

（二）公文格式18个要素

公文格式共含18个要素，即：份号、密级和保密期限、紧急程度、发文机关标志、发文字号、签发人、标题、主送机关、正文、附件说明、发文机关署名、成文日期、印章、附注、附件、抄送机关、印发机关和印发日期、页码。这些要素在版面上划分为版头、主体、版记三部分。

1. 版头部分

（1）份号。份号是同一内容公文印制份数的顺序号。标注份号便于文件的登记、分发和核查。涉密公文应当标注份号。用六位阿拉伯数字，顶格编排在版心左上角第一行。如某文件共印200份，其中第一份的份号应为"000001"。

（2）密级和保密期限。公文的秘密等级和保密的期限。涉密公文应当根据涉密程度分别标注"绝密""机密""秘密"和保密期限，顶格编排在版心左上角第二行。标注时，密级和保密期限中间用五角星符号"★"隔开，保密期限中的数字用阿拉伯数字。

（3）紧急程度。公文送达和办理的时限要求。根据紧急程度，紧急公文应当分别标注"特急""加急"或"平急"，顶格编排在版心左上角。如需同时标注份号、密级和保密期限、紧急程度这三个要素，则按顺序自上而下分行排列。

（4）发文机关标志。由发文机关全称或者规范化简称加"文件"二字组成，"文件"二字也可以不加。发文机关标志居中排布，处于版头部分的核心位置，字体使用小标宋体，文字的颜色为红色，以达到醒目、美观、庄重的效果。

（5）发文字号。发文字号是发文机关某一年中所发不同文件的编号，简称"文号"，由发文机关代字、年份、发文顺序号组成，编排在发文机关标志下空两行位置，居中排布。年份、发文顺序号用阿拉伯数字，年份应写全称，用六角括号"〔〕"括入。发文顺序号不加"第"字，不编虚位（即1不编为01），在阿拉伯数字后加"号"字。联合行文时，使用主办机关的发文字号，如《中共中央办公厅 国务院办公厅关于印发〈党政机关公文处理工作条例〉的通知》这个文件的发文字号是：中办发〔2012〕14号。

（6）签发人。由"签发人"三字加全角冒号和签发人姓名组成，居右空一字，编排在发文机关标志下空二行位置。签发人是上行文中发文机关负责人的签署，上行文应当标注签发人姓名。

2. 主体部分

（1）标题。由发文机关名称、事由和文种组成。事由是公文内容的简明概括，文种即公文的种类。在版头中印有一条与版心等宽的红色分隔线，这条红色分隔线位于发文字号之下，将版头部分与主体部分分隔，标题编排在这条红色分隔线下空两行位置，分一行或多行居中排布，回行时要做到词义完整、排列对称、长短适宜、间距恰当，多行标题的排列应当呈梯形或菱形。

（2）主送机关。公文的主要受理机关，应当使用机关全称、规范化简称或者同类型机关统称。主送机关编排在标题下空一行位置居左顶格，回行时仍顶格，最后一个机关名称后标全角冒号。

（3）正文。公文的主体，用来表述公文的内容。正文编排在主送机关名称下一行，每个自然段左空二字，回行顶格。文中结构层次序数依次可以用"一、""（一）""1.""（1）"标注。

（4）附件说明。公文附件的顺序号和名称。公文如有附件，在正文下空一行左空二字排列"附件"二字，后标全角冒号和附件名称。如有多个附件，使用阿拉伯数字标注附件顺序号（如"附件：1.××××"。附件名称不加标点符号。附件名称较长需回行时，应与上一行附件名称的首字对齐。

（5）发文机关署名。署发文机关全称或者规范化简称。单一机关的署名编排在正文（或附件说明）下空一行右空二字位置。

（6）成文日期。会议通过或者发文机关负责人签发的日期。在发文机关署名的下一行编排成文日期，成文日期一般右空四字编排。编排时成文日期首字比发文机关署名首字右移二字，如果成文日期长于发文机关署名，则应当使成文日期右空二字编排，并相应增加发文机关署名右空字数，以成文日期为准居中编排发文机关署名。

成文日期用阿拉伯数字将年、月、日标全，年份应标全称，月、日不编虚位。

（7）印章。公文应当加盖发文机关印章，并与署名机关相符。印章用红色。有特定发文机关标志的普发性公文和电报可以不加盖印章。加盖印章应端正、居中下压发文机关署名和成文日期，使发文机关署名和成文日期居印章中心偏下位置，印章顶端应当上距正文（或附件说明）一行之内。

（8）附注。公文印发传达范围等需要说明的事项。如有附注，居左空二字加圆括号编排在成文日期下一行。

（9）附件。公文正文的说明、补充或者参考资料。附件应当另面编排，放在版记之前，与公文正文一起装订。"附件"二字及附件顺序号顶格编排在版心左上角第一行，附件的标题居中编排在版心第三行。附件格式要求同正文。

如果附件与正文不能一起装订，应当在附件左上角第一行顶格编排公文的发文字号并在其后标注"附件"二字及附件顺序号。

3. 版记部分

（1）抄送机关。除主送机关外需要执行或者知晓公文内容的其他机关，应当使用机关全称、规范化简称或者同类型机关统称。版记中有三条与版心等宽的分隔线，首条分隔线和末条分隔线用粗线，中间的分隔线用细线，末条分隔线与公文最后一面的下边缘重合。抄送机关在首条分隔线的下一行左右各空一字编排，在"抄送"二字之后加全角冒号和抄送机关名称，回行时与冒号后的首字对齐，最后一个抄送机关名称后标句号。

（2）印发机关和印发日期。公文的送印机关和送印日期。印发机关和印发日期编排在末条分隔线之上，印发机关左空一字，印发日期右空一字，用阿拉伯数字将年、月、日标全，年份应标全称，月、日不标虚位，后加"印发"二字。

（3）页码。公文页数顺序号。用阿拉伯数字编排在公文版心下边缘之下，页码数字的左右各放一条一字线,单页码居右空一字,双页码居左空一字。

公文格式式样参看图1和图2。

图1 公文格式示意图(上行文)

```
000001
机密★1年
特急
                ×××××文件
                ××××〔2012〕10号
         ―――――――――――――――――――――――

              ××××关于××××的通知

  ××××××××××：
       ×××××××××××××××××××××
  ×××××××××××××××××××××××
  ×××××××××××××。
       ××××。

     附件：1.××××
           2.××××

                                  ××市人民政府
                                  ×××年×月×日


  (×××××)




  附件（另面编排）




  ――――――――――――――――――――――――
  抄送：××××，××××。
    ××××                  ××××年×月×日印发
                                              — 1 —
```

图2　公文格式示意图（下行文）

三、报告

（一）报告的用途、特点、种类

报告是下级机关向上级机关汇报工作，反映情况，提出建议，答复询问时所使用的一种陈述性公文。报告可以使下情上报，沟通信息。报告是15种公文中基层财经工作经常用的一种。

报告有以下特点：一是汇报性。报告都是事后或事中行文。凡正在进行的或已进行完毕的工作，为了让上级机关及时掌握工作进程和工作结果，都可以制发报告汇报。二是陈述性。凡是报告均要向上级机关具体陈述正在做着或已经做了什么，工作是怎样做的，遇到什么情况，有何经验体会，存在什么问题，对今后有何设想。这种特定的汇报内容，决定了报告的行文侧重陈述，直陈其事。

报告按陈述的内容分，有工作报告和情况报告两种。工作报告是将某一时期完成的工作向上级汇报的报告。情况报告是向上级反映汇报工作中的重大问题或偶发性新情况而写的报告。

（二）报告的写作方法

1. 标题

标题由发文机关、事由、文种三部分组成。有的标题由事由和文种两部分组成，如"关于私设'小金库'问题的报告"，或由发文机关和文种两部分组成，如"××能源公司天然气销售部工作报告"。

2. 正文

正文由报告缘由、报告事项、报告结语三部分组成。报告缘由即简要说明报告的目的、背景并总述工作概况。报告缘由后用承启语"特作如下报告"或"现报告如下"等过渡到报告事项。报告事项的写作采用叙述的方式摆事实，分清主次，合理安排表述次序。报告结语是报告结尾的习惯用语，一般用"特此报告""特此报告，请审阅"等作结束语。

工作报告的写法一般是分项标序号逐项表述，每一项表述已完成的某一方面的工作。情况报告则要写明所发生事情的时间、地点、具体情况、原因以及已采取的措施，要讲清事情的来龙去脉，提出处理意见及看法，通常是按事情发生的时间顺序进行表述。

训练设计

训练点：	写作训练习题：
1. 强化和巩固理论知识的认知与记忆	练习题一、二、三
2. 公文格式18个要素的识别、标注	练习题四
3. 公文惯用词语的运用	练习题五
4. 公文标题、正文的写作方法运用	练习题六、七

5. 鲜明的主旨、典型的材料、严谨的结构、
   在写作工作报告中的运用　　　　　　　　练习题八

写作训练练习

一、判断以下说法的对错，对的打√，错的打×：

1. 公文是指各级党政机关、企事业单位、社会团体使用的《党政机关公文处理条例》中规定的15种公务文书。（　　）
2. 公文是党政机关、企事业单位、社会团体使用的具有特定效力和规范格式的公务文书。（　　）
3. 公文的撰写人（执笔人）可以按照自己的意图自由行文。（　　）
4. 公文是发文单位领导人行使其法定职权的体现。（　　）

二、填空题：

1. 下级机关向上级机关的发文称为_____行文，上级机关对下级机关的发文称为_____行文，平级机关或无隶属关系的机关之间的发文称为_____行文。
2. 工作报告的写法一般是_____逐项表述，情况报告的写法是写明所发生事情的_____、_____、_____、_____以及_____，通常是按事情发生的_____进行表述。

三、选择题：

1. 公文独有的应用文特点是_____。
   A. 是用来办事的一种应用文　　B. 有现行效用　　C. 法定的作者
2. 公文有别于其他应用文的写作要求是_____。
   A. 必须符合国家的政策规定　　B. 采用法定的国家标准制定的公文格式
   C. 一文一事

四、请你在公文格式的示意图上用虚线标引写出公文 **18** 个要素的名称，然后说说各个要素的写作要求。注意：各个要素名称要写在框线的外面。

```
000001
机密★1年
特急
            ×××××××××文件
××〔2012〕10号         签发人：×××
─────────────────────────────

        ××××关于××××的请示

  ××××××××××：
    ××××××××××××××××××××
  ××××××××××××××××××××
  ××××××××××××××。
    ××××。

      附件：1.××××
           2.××××
```

```
                              ××市★人民政府
                              2012年7月1日


  (×××××)




附件（另面编排）




─────────────────────────────
抄送：×××××，××××××，××××××，××××，
     ×××××。
×××××××××           2012年7月1日印发
                                        — 1 —
```

五、选择题：

1. 选择公文惯用词语解释正确的一项填入空中。

  （1）兹有_____

  A. 现有   B. 就此有了   C. 现在有了

  （2）收悉_____

A. 收到懂得明白　　　B. 收到（来函）知道（其中内容）
C. 接收完全
（3）拟于_____
A. 拟定在　　B. 决定在　　C. 打算在
（4）为宜_____
A. 为了某些事　　B. 为了适宜　　C. 是适当的
2. 从以下公文惯用词语中选择合适的一个填入空中。
A. 请　B. 经　C. 遵照　D. 承蒙　E. 务求　F. 予以　G. 妥否　H. 回复
（1）下一步工作如何进行，_____领导指示。
（2）_____总公司领导的指示意见，我们于本月初开始对××问题进行了全面的调查，现报告如下：
（3）_____贵厂大力支持，表示衷心感谢。
（4）请速研究并予以_____为盼。
（5）以上意见_____，请批示。
（6）关于××问题_____调查核实，现公布如下：
（7）各部门要立即作出具体部署，_____取得成效。
（8）会议认为，2021年的预算安排是妥当的，决定_____批准。
3. 按以下各组公文惯用词语的不同用途，选择它们的类项写在横线中。
（1）本公司　　　贵方　　　你单位　　　该项目　　_____
（2）请　　　　　敬请　　　恳请　　　　请求　　　_____
（3）为了　　　　根据　　　兹有　　　　最近　　　_____
（4）鉴于　　　　如下　　　此外　　　　为此　　　_____
选项：A. 开端用语　　　　　　B. 承启用语
　　　C. 指称用语　　　　　　D. 祈请用语

六、完成以下公文标题写作练习。

1. 填空：
完整的公文标题由以下三部分组成，即_____、_____、_____，其中_____这一项前面常加介词"关于"。
2. 找出以下公文标题的事由部分，划上横线。
（1）国务院关于解决城市低收入家庭住房困难的若干意见
（2）××市物价局关于切实抓好主要食品价格专项检查工作的通知
3. 按公文正文的内容写出标题中的"事由"，并在正文的空白中填上适当的词语或结尾用语。

关于_____的通报

各市、县商业局、厅属各公司：
　　××石油供应站××油库今年2月25日至28日先后购进60槽车××吨汽油，

_____输油管爆裂，造成漏油××吨的严重事故。事故发生后，××市商业局和省石油公司进行了联合调查，查明_____事故是责任事故，损失严重。_____吸取教训，防止再发生类似事故，_____事故原因及处理情况通报如下：（通报内容略）

××省商业厅
2019年×月×日

4. 下面的公文标题太长，请你加以压缩重新写出，并对标题文字作正确的排列。

（1）××厂关于下半年建立中心实验室需要增添部分仪器设备，请求批准从××费用中开支的请示

（2）××市人民政府关于五个文明单位放松管理和教育造成不良影响，予以撤销文明单位称号的处理决定

七、公文的正文部分开头常用以下三种写法。

A. 直陈目的，表明主旨

B. 引出根据，作出决定

C. 说明缘由，概述情况

选择合适的一项填入空中：

1. 根据中国人民银行总行关于整顿金融秩序的文件精神，决定从2021年×月×日起对我省各商业银行信贷资金的管理工作进行全面的检查整顿，现具体通知如下：（摘自《中国人民银行××省分行关于开展信贷资金管理检查整顿工作的通知》）_____

2. 近年来一些地方为追求城市快速绿化效果，大量移植大树古树进城，不仅造成树木原生地森林资源和自然生态、景观的破坏，而且由于移植过程中修枝、切冠，加之养护跟不上，移植成活率低，对森林资源保护和城乡绿化事业发展造成了极为不利的影响。（摘自《国家林业局关于禁止大树古树移植进城的通知》）_____

3. 为进一步拓展我行外币储蓄服务范围和服务功能，加快外币储蓄业务的发展，提高市场占有份额，现就加大外币储蓄存款工作力度有关事项通知如下，请各行切实采取措施，认真贯彻执行。（摘自《建设银行××省分行关于加大外币储蓄存款工作力度的通知》）_____

八、阅读下面这篇汇报工作的报告之后，完成以下练习。

1. 这篇工作报告汇报了天然气销售部已做的六项工作，这六项工作是：

(1) _____
(2) _____
(3) _____
(4) _____
(5) _____
(6) _____

2. 这六项工作的核心就是"安全"二字,安全意识、安全措施、安全责任、安全工作等。说说围绕"安全"二字,本文用了哪些典型且具体的材料?

3. 本文采用的是总分式结构,何处是总,何处是分,在文中标明出来。

××能源公司天然气销售部工作报告

公司领导:

销售部天然气项目从筹备、接收移交到安全平稳运行,始终得到公司领导的高度重视和直接指导帮助,公司在人员、资金、车辆等方面都给予了保证。按照公司提出的"安全要保证,管理要创新,项目要有效益"的要求,天然气销售部制定了"起点高、速度快、运行好"的工作目标,建立健全了各项管理制度,消除密闭泄漏点45处,天然气管网安全运行,完成油田公司及物业公司20个食堂天然气管线专项维修工作,天然气计量交接准确率为100%,气款回收率为100%,员工持证上岗率为100%,员工精神面貌好,工作积极主动。现将天然气项目运行以来销售部所做的几项工作汇报如下。

一、稳定员工队伍,宣讲学习公司的经营管理理念

天然气项目开始运行之初,天然气销售部员工由能源公司其他各个部门调转而来,由于工作环境、管理模式等方面的变化,员工不太适应,思想波动比较大。我们通过个别交谈和班前会等方式,了解员工的真实想法,学习领会公司的经营管理理念、服务宗旨,宣讲能源公司的创业发展历程,倡导能源公司职工爱岗敬业精神,消除了员工一些不必要的思想顾虑。目前员工队伍稳定,工作态度端正,精神面貌好,经常加班加点整改天然气管线漏点和存在的安全隐患,许多员工从天然气项目接收到现在没有休一天假,员工的工作精神和态度得到公司有关部门和领导的肯定,为做好销售部的工作奠定了良好的基础。

二、建立天然气销售部各项管理制度,营造良好的工作环境

按照科学、实用、可行的原则及公司领导"管理创新"的要求,制定了《天然气安全管理制度》《天然气销售部岗位责任制》《天然气销售部抢险救援应急预案》《天然气销售部服务规范》《天然气销售部业绩考核办法》,起草了《天然气停气降压管理规定》《天然气新增用户管理规定》,使天然气管网运行有章可循。建立完善了各种基础资料,基础资料达到"齐全""真实""准确"。在建章立制加强管理的同时,积极营造良好的工作环境,推行以人为本的管理理念,在班前班中注意观察员工的思想情绪变化,以防止作业人员因家庭困难或其他原因,导致作业思想不集中而形成事故隐患。强调员工之间互相关心、互相帮助,及时发现作业人员产生的不良情绪并采取相应疏导措施,形成了团队整体的合力,完成了公司下达的工作任务。

三、制定了切实可行的管控措施,加大对风险点源的监控力度

制定了《××地区1号、2号、3号配气站及天然气管网风险识别及控制措施》,加大对风险点源的监控力度,根据风险点源的危害程度及发生事故的概率,把风险点源划分为A、B、C三类进行管理。

A类风险源有:人员密集区的阀井、废弃闲置阀井、管线压盖处、管线探测点、泄漏点、配气站。对A类风险源实行挂牌管理制度,每日必须巡检,并在风险点所挂的牌上进

行记录，严密进行A类风险点的监控，及早发现隐患及时进行处理。

B类风险源有：林带道路穿越区、施工点、3号配气站6号线管线腐蚀严重的部位、离建筑物达不到安全距离的管线，对B类风险源每周必须进行巡检。

C类风险源：其他风险源纳入C类进行管控，C类风险源至少15天巡检一次。

通过采取这些管控措施保证了天然气管网的安全运行。

四、加强员工安全知识和专业知识的学习和培训

采取多种方式对员工进行培训，每月组织一次考试对员工所学知识进行考查，促进员工掌握安全知识，提高职工的安全技能。已学习培训的内容有：

1. 学习了公司各项管理制度、天然气安全运行手册和企业文化知识，培养员工的敬业精神。

2. 请专业人员对调压阀、流量计的使用维修知识进行培训，学习天然气安全知识、管道运行维护知识、阀门知识，提高员工的工作技能。

3. 学习了《城市燃气安全管理规定》《压力管道安全管理与监察规定》《石油天然气管道安全监督与管理暂行规定》，引导员工依法进行管道的安全管理，向用户宣传相关法律法规知识。

4. 对员工进行了形势、任务、责任教育，及时学习传达公司的各种会议精神。

五、制定并实施各种安全措施，从细微处做起，保证各项工作的安全

1. 实行了员工"安全承诺制度"，要求每个员工对自己的行为作出安全承诺，完成每一件工作任务的过程之中，严格按操作规程规范地操作，坚决杜绝"三违"现象，坚持做到"三不伤害"。

2. 推行了"安全五步法"。员工完成工作任务之前和完成工作任务之后，实行"安全五步法"，具体内容是：

（1）工作前：

开始进行任何工作之前先停顿一下，首先问问自己：①我是否具备了从事此项工作所需的技能和知识？②我是否持有做此项工作所要求的许可证或得到批准？③我是否已检查确认过我的工作活动不会危及或影响其他人员的安全？④我是否配备使用了正确的个人防护用品？

对以上这些问题作了肯定的回答之后，再完成以下五个步骤：①观察工作区域和环境；②在脑子里确定好如何实施这项工作的具体步骤；③识别此项工作中的风险；④预备好自己如何防范控制这些风险的措施；⑤对自己准备采取的措施感到满意后，开始工作。

（2）工作后：

要做以下几项工作：①观察工作区域；②针对工作完成后可能产生的任何风险采取防范措施；③回顾评估工作的有效性以及使用的方法；④思考再作同样的此项工作时，是否有改进之处；⑤在下班后讨论这些改进的办法。

3. 严格控制已识别的安全风险，及时消除各种安全隐患。对暂时不能消除的隐患，设立警示牌，提示安全风险，并向隐患部位单位、居民下发了安全告知书，对需要投资改造的隐患上报公司处理。

4. 编制《天然气使用知识及安全管理规定》宣传册，向天然气用户宣传安全用气知识，

设立了 24 小时值班电话,并将值班、维修电话告知用户,形成天然气销售部和用户齐抓共管的安全用气网络。

六、精细管理,维护企业的利益

1. 完成了所有用户流量计型号及运行情况的调查,摸清了用户流量计的使用状况和用气情况。对无流量计和流量计计量不准的用户下发整改通知书,保证天然气计量的准确。

2. 对天然气用户分类,建立用户资料档案,为签订天然气销售合同作好准备。

3. 认真做好天然气使用的计量和气款的收费工作。面对天然气涨价、管输费调整许多用户的不理解,计量人员耐心解释,多次奔走催收气款,保证及时收缴气款,气款回收率为 100%。

4. 在保证天然气管网安全运行的同时,完成了机械厂、通讯处、技术检测中心、油建公司等单位安全隐患的整改,创收××万元。

天然气销售部全体员工在能源公司的正确领导下,齐心协力做了一些工作,但由于单位成立时间短,工作中还存在许多不足之处,我们将借这次能源公司进行岗位责任制大检查的机会,对公司各位领导提出的问题认真进行整改,我们有信心做好天然气销售部今后的各项工作。

项目四　商务信函、求职信

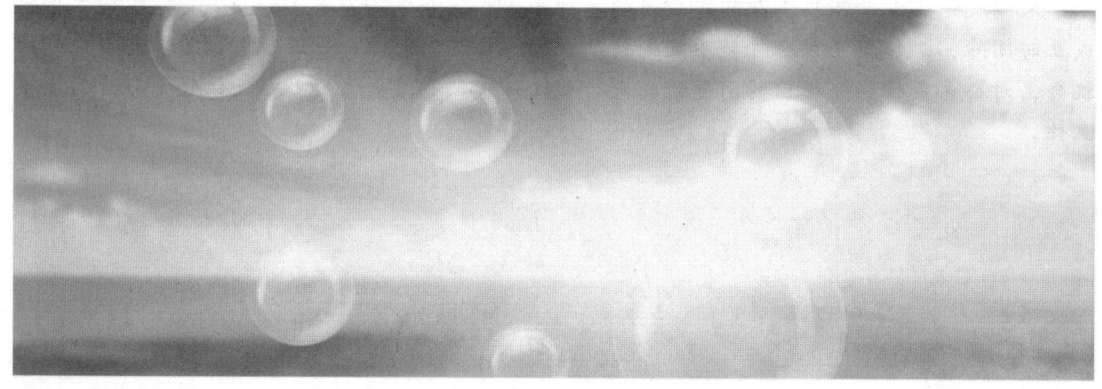

学习目标

　　熟记标题、称谓、正文、祝颂语、落款、日期在信函中的书写位置以及顶格、空格、提行、空行等书写规则,能按正确的书写格式写作信函。学会使用恰当的称谓和合适的祝颂语。了解商务信函在商贸往来活动中的重要作用,掌握报价函、催款函、索赔函的写作方法;学会写作毕业时找工作用的有个人特点的求职信。

[例文导读]

[例文一]

报 价 函

××公司：

你公司×月×日询价函收悉，感谢你方来函！

根据你方要求，现随函寄上带插图的产品目录及明细报价单。另奉寄一些样品，相信你们看到这些货样时一定会满意。若每个货项购买数量不少于五个，我方可给予2%的折扣。付款是凭不可撤销的即期信用证支付。

由于我公司棉质床单和枕套质地柔软耐用，质量确属上乘，价格合理，因而备受欢迎。相信你方在研究我方价格之后一定能理解我方产品在市场上供不应求的原因。如果贵公司订货不迟于本月底，我方保证即期装运发货。

敬盼早复！

××××纺织品公司

2019年1月22日

[导读]

这是某生产厂家收到买方的询价函之后写出的复函。此函几项主要交易条件都讲得清楚明白，在表述己方货品质优良、备受欢迎的情况时，既推介了产品，又自然引出一项交易条件——"订货不迟于本月底"，行文得体简洁。

此报价函的写作完成了货价商议过程中的一项工作，此项工作是整个商品交易过程的一个重要环节。

[例文二]

催 款 函

××厂财务科陈××科长：

你单位于2017年11月20日购买加工机床模具货款计人民币5万元，发票编号为6589，该货款至今未付到我厂，影响了我厂资金周转，接到本通知后，请在5日内付清，逾期将按银行规定加收千分之二的罚金。

如有特殊情况，请及时与我厂财务科王××联系。我厂地址××，电话××，账号××。

特此函告。

××模具厂财务科

2018年2月16日

[导读]

催款函第一段义正辞严，要求对方5日内结清货款，且指明逾期的后果。但作为业务客户，也不能完全不讲情面，因而在第二段又稍稍婉转地告诉对方，特殊情况可再进一步协商，有直有曲、刚柔相济。

[例文三]

关于××型卡车
存在严重质量问题要求赔偿损失的索赔函

××汽车贸易中心：

我公司于2017年6月6日从贵公司业务一科购买附有商检合格证的××型6吨卡车15辆，发票2张（号码为0671012、0671022），于2017年6月23日交货，于9月中旬正式投入营运使用。该批车使用后，陆续发现前、后轮内侧胎不规则锯齿形磨损，以内侧内边缘为甚。经有关技术专家及××市公安局第七检测站检验，认定此批车辆存在严重质量问题，与原供货资料标准不符。我公司已于11月初暂停止使用。为此，特向贵单位提出以下要求：

1. 于本月30日前，派人员前来进行质量检验鉴证；
2. 重新按质论价，赔偿经济损失，或退货。

望贵公司讲求信用，按国家有关法律、规定与我公司共同协商解决上述商品的质量问题。

附件：1. 购车发票2张
      2. ××市公安局检测站检验书

××商业储运公司
2017年11月12日

联系人：×××、×××　电话：××××××
联系地址：××市××路××号　××商业储运公司汽车队。

[导读]

这篇索赔函正文开头至"边缘为甚"写的是事由及对方违约事实。对于事由，交易过程、交易时间、交易物数量、发票号码都说得很清楚。"经有关技术专家及西安市公安局检验认定此批车存在严重质量问题，与原供货资料标准不符"写的是索赔理由及证据。对方违约给己方造成的损失虽未具体说明，但"暂停止使用"隐含有损失情况，因为这必然影响正常的储运业务。紧接着提出了两点索赔要求：第一是限时请对方来人解决问题；第二是提出具体处理办法。行文简洁明了，语气肯定，理由充足，措词妥当。

[例文四]

求 职 信

尊敬的张厂长：

　　您好！

　　感谢您在百忙中展阅这封信。我感觉到我的希望之窗也同时被打开了。

　　我是××学校会计专业的应届毕业生。即将走向社会的我，也许还有些稚嫩，但满怀热情渴望将所学知识回报社会，为事业贡献青春。故不揣冒昧，毛遂自荐，向您呈上这封信。

　　我经过三年的努力学习，在学校领导和老师的培养下，靠勤奋和拼搏换来了如下成果：各门功课平均成绩为90.5分，其中会计、财务分析、企业管理、会计电算化等专业课成绩均在95分以上，专业实习成绩为"优秀"。作为班上的学习委员，我热心为同学工作，与其他班干部相互合作，在师生之间架起了一座沟通心灵智慧的桥梁，曾被评为校级"优秀学生干部"和市级"三好学生"。我在如何做人方面做出了一定的努力，我节省自己的零花钱，积极参与支援灾区的募捐活动和学生会组织的"献爱心"活动。每年暑期我都参加学校组织的社会实践活动，和同学一起做过社会调查工作。我的生活态度是：健康向上、积极进取。现实中的我热情、开朗、乐于助人，勤奋踏实又兴趣广泛，曾获学校纪念"五四"运动演讲比赛第三名，校运动会100米短跑第二名。此外，我还爱好写作，曾在校刊上发表作品五篇。

　　可以说，我的过去是一种准备、熔炼和蕴蓄，而我的未来则愿投身于贵厂火热的生产实践中，在贵厂奋斗、奉献与开拓，恳请您将我收入您的麾下。我谋求会计工作或其他适合于我做的财务工作岗位，相信您和我都不会失望的。

　　期盼着您的回复。谢谢！

　　此致

敬礼

求职人：张明伟
2019年6月10日

　　附件：1. 个人简历1份

　　　　　2. 学习成绩表1份

　　　　　3. 毕业证书1份

[导读]

　　这封求职信有以下特点：①作为学生身份，对自己的介绍比较全面，是从学业成绩、思想品行表现、兴趣爱好及成果这三个方面来写的。求职目标说得很清楚——会计或其他财务工作岗位。②语言表现出热情，富有青春活力，这有利于体现求职人的个性、表达求职的愿望。

 知识准备

一、商务信函

商务信函是商贸往来双方（买卖双方、供需双方）在建立业务关系、洽谈生意、询答问题、处理业务事项、完成一笔交易的过程中使用的信函。如询价函、报价函、订购函、确认订购函、担保函、催款函、装运通知函、索赔函、理赔函等。商务信函可采用快递信件、电子邮件、传真三种方式传递。商务信函是配合商品交易活动进行而使用的财经应用文。

商品交易活动的过程大致分为四个阶段：买卖双方商业贸易关系的建立及产品推介——货价商议及订购确认——货物交收及款项支付——交易后续事项的交涉处理。这几个阶段常通过撰写使用商务信函这种书面交往形式进行，商务信函的撰写使用是与商品交易过程同步的，商务信函的撰写成为商品交易经济工作的组成部分。

具体来说，商务信函有两个用途：一是通过商务信函的往来做成一笔生意，二是在商贸交往活动中商务信函成为具有法律效力的书面文件，对买卖双方起到法律约束作用。在商贸活动中，当一方要约被对方承诺后，交易即告达成。这时表达要约和承诺的来往信函实际上就成为一种契约文件，不论双方最后是否签定书面合同，往来商务信函都已具有法律效力。在交易过程的各个阶段所写的订货信件、付款通知等各种商务信函文书，都已经成为商贸活动中办理具体的商务事项的依据和凭证，对双方以后的行动具有了某种约束力。

（一）报价函

1. 报价函的写作内容、写作格式和写作方法

报价函是卖方向买方提供可供商品的价格、交易方式等各项交易条件的商务信函。报价函的写作包括以下内容：

（1）标题。标题写明"报价函"。

（2）称谓。直接写买方单位或个人名称，可在个人名称前适当加表敬词语，如：尊敬的××总经理。

（3）正文。先对买方来函询价表示感谢，然后根据买方询价函提出的要求提供可供商品的名称、品质、规格、可供数量、价格、交货期、付款方式等七项交易条件。结尾一般写"敬候回复""早复为盼"等惯用语。

（4）落款和日期。落款要写明卖方单位名称并盖公章，在落款下方写上报价函出具的具体时间。

2. 报价函写作注意事项

（1）向买方提供的商品报价等各项交易条件应准确、恰当、详尽，便于买方考虑是否确定购买。

（2）本着诚信公平交易的原则，了解对买方过去购买产品起作用的历史情况，尊重买方的立场、愿望、所处现实环境。卖方报价函提供的价格等各项交易条件，买方有可能不会

全部接受，报价之后可能会有价格磋商的过程，因此要考虑到买方对报价函可能做出的反应。语言表述要明确，协商性内容措词宜含蓄委婉，但有的交易条件表述时语气应肯定，如订货最迟期限、报价的有效期限等，有的交易条件则应有磋商余地，如折扣条件等。

（二）催款函

1. 催款函的写作内容、写作格式和写作方法

催款函是一种催交款项的商务信函，是催款单位对超过规定期限尚未交款的单位催收款项时使用的一种应用文。催款函一般应该包括以下五个部分：

（1）标题。标题要写明"催款函"，也可写作"催款通知书"等字样。如果催收的是紧急的款项，可在标题前加上"紧急"二字。

（2）称呼。即受文的对象，即欠款的单位或个人的名称。

（3）正文。正文内容包括：

①催收的内容。这是主要部分，应该具体、准确地写明双方发生业务往来的日期、催款原由、发票号码、欠款的金额、款项拖欠的情况及催收方的要求，以便受文者迅速交付欠款。要正确地写上催款单位和欠款单位的全称和账号。必要时还要写上催款单位的地址、电话以及经办人的姓名。如果是银行代办催款的，还必须写明双方开户单位的全称和账号。

②处理意见。一般是再确定一个付款期限，希望对方从速交付。同时也可以把再次逾期将要采取的措施告诉对方，如收取逾期罚金等。

（4）惯用结尾语。正文之后一般用惯用语"特此函告"作结尾语。

（5）落款和日期。催款单位必须写上自己单位的名称和发文日期。名称写在前一行，日期写在名称之下。日期要包括年、月、日，不可略写。

2. 催款函写作注意事项

（1）催款款项的内容必须清楚、具体、准确。

（2）处理意见既要有催促的作用，又要符合财经政策。

（3）催款函语言应力求简洁，不必写客套话，但用语也应有分寸。

（三）索赔函

1. 索赔函的写作内容、写作格式和写作方法

索赔函是产生合同争议或商业纠纷后，受损失一方向违约方或造成损失的一方提出赔偿要求的一种商务信函。索赔函的写作包括以下内容：

（1）标题。标题的写法有两种，一是只写"索赔函"三字；二是写明索赔事由及索赔要求，前面加介词"关于"，后面写"索赔函"，如例文三的标题《关于××型卡车存在严重质量问题要求赔偿损失的索赔函》。

（2）称呼。即索赔对象的名称。

（3）正文。先简述事由及对方违约的事实或因某种责任造成索赔方受损的事实，并说明索赔理由及证据，然后说明因对方违约或某种责任给己方造成的损失大小、受损金额多少，最后提出索赔的具体要求。

（4）附件。附件一般是索赔的相关证据。写法是先写"附件"二字，再写明附件名称，如果附件有多个，则在附件名称前加序号。

（5）落款和日期。写明索赔方的单位名称并盖公章，在落款下写明索赔函写作的具体时间。

（6）联系方式。在落款和日期的左下方提供索赔方的联系人姓名、电话及联系地址。

2. 索赔函写作的注意事项

（1）提出的索赔要求应合情合理，不能漫天要价。

（2）写索赔函之前，要认真研读双方签订的合同中的相关条款规定和商品交易过程中有关的往来函件，分清是非责任。

二、求职信

（一）求职信的用途

求职信是求职人员向用人单位进行自我推荐的一种专用信函，是学校毕业生、下岗待业人员、欲择岗就业人员寻求工作岗位的重要交流工具，是学生离开学校走上工作岗位之前要写的第一篇实用文书。求职信是求职者学业、专业能力、品行和综合素质的书面反映，企事业单位的人力资源管理部门最初是从求职信和简历中了解求职者的，用心写作求职信，就有可能被慧眼看中，因此，写好求职信对求职者来说具有重要的意义。

（二）求职信的写作方法

求职信由标题、称谓、正文、祝语、落款和附件共六部分组成。

1. 标题

求职信的标题写"求职信"三字。

2. 称谓

称谓的写法视对方的身份而定。如果知道收信人的任职部门和职务，写法则是：任职部门加姓氏加所任职务，如：人力资源部王主任。可在这一称呼前再加上表敬词语"尊敬的"，即：尊敬的人力资源部王主任。

3. 正文

正文分三部分来写：

（1）开头。写明获得招聘信息的来源，如报刊广告、学校招毕办提供的就业信息等。表明希望到招聘单位工作的愿望。

（2）主体。要写明以下内容：

①简要介绍本人基本情况：姓名、性别、年龄、毕业学校及所学专业等。如果随求职信附有个人简历，则此处的简介内容不应与简历所写内容重复。

②提出要谋求的职业岗位：用人单位要招聘的工作岗位多种多样，因此求职人要谋求的工作岗位一定要写得清楚、具体，如会计、财务主管、收银员等，否则对方将无法回复。如果不了解对方具体需要什么样的人才，则可说明自己希望谋求哪一类或哪些范围内的工作岗位，这样便于用人单位录用时有较大的考虑范围，求职人找到工作的机会也就会多一些。

③说明胜任工作的条件：向用人单位说明你具有与所谋求的工作岗位相符的知识、能力和专长。这是求职信写作的重点内容。用人单位一般是从以下几方面来考查求职者：可靠性（指职业道德、人品）、适应性（指专业能力）、综合能力（即综合素质）、团队精神，因此求职信可围绕这几方面来写。

（3）结尾。在求职信的结尾要表明希望对方回复的愿望，说明自己的联系地址、邮编、电话等联系方式。

4. 祝语

写表示祝愿或致敬的话语，如"祝贵公司兴旺发达"等。正文之后也可不写祝语而写上常用的致敬语"此致""敬礼"。

5. 落款

在祝语下一行的右下方写求职者的姓名和写求职信的日期。

6. 附件

求职信的附件是指用来证实求职者身份、人品、学历、才能的一些证明材料。如身份证、毕业证、获奖证书、学科等级证书、创作作品等。写法是：在落款的左下方写"附件"二字，再写各个附件的名称。附件的原件（或复印件）附在求职信之后。

(三) 求职信写作注意事项

写求职信要注意以下几点：

（1）内容要突出重点。求职信是求职人能力的证明，体现能力的内容要作为重点来写，着重介绍自己的专业特长和优势，而且要写具体。

（2）求职信要写得客观、诚恳。不要说谎话或自我吹嘘，所写内容要与事实相符，实事求是地评价自己。求职信也要体现出自信，要明确提出对某一工作职位的要求，但不宜提出其他过分的要求，如较高的薪酬待遇等。用语要礼貌、诚恳。

（3）求职信中要有介绍综合素质的内容。用人单位对已在职场有工作经历的求职者和学校应届毕业生的要求是有所不同的。除都重视人品道德素质之外，对前者看重他们以往的专业经验和工作业绩，对后者则看重他们的学业成绩和综合素质。因此应届毕业生求职应以介绍体现专业能力的学业为主，同时要介绍综合素质。综合素质体现"潜质"，综合素质高，通过用人单位再进行培训，就可以很快上手成为企业的优秀员工，因此用人单位都比较看重求职者的综合素质。

（4）写求职信不能图省事照着别人写的样式一套，千篇一律。求职信的基本写作内容的项目和格式是相同的，但具体写法应根据各人所学专业的不同，学业、能力等各方面的情况不同而有所不同。求职信的篇幅不能太长，因为招聘者人力有限、时间有限。求职信的语言应简明得体，书写整洁、清晰，不能有错别字。招聘单位不会相信连求职信都写得马马虎虎、错字连篇的应聘者能把工作干好。

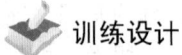
训练设计

训练点： **写作训练习题：**

1. 强化和巩固理论知识的认知与记忆   练习题一
2. 信函的基本格式、书写规则的运用   练习题二
3. 报价函写作方法分析借鉴   练习题三
4. 模拟供货商写作催款函   练习题四
5. 用所给材料给生产厂家写索赔函   练习题五
6. 求职信写作方法借鉴、正反实例辨析、
   写毕业时找工作用的求职信   练习题六、七、八

写作训练练习

一、填空题：

1. 商务信函的撰写使用是与_____同步的，商务信函的撰写成为商品交易经济工作的_____。

2. 求职信写作的重点内容是向用人单位说明你具有与所谋求的工作岗位相符合的_____、_____和_____。

3. 写求职信要注意的事项是：
   （1）_____。
   （2）_____。
   （3）_____。
   （4）_____。

二、判断下面写法的对错，对的打√，错的打×。

1. { 信函中称呼要顶格写起，后面加冒号。　　　　　　　　　　　　（　）
    信函中称呼左空两格写起，后面加冒号。　　　　　　　　　　　（　）

2. { 信函中对师长或单位领导人的称呼只写其姓，再加称谓或职务，如王老师、李经理。　　　　　　　　　　　　　　　　　　　　　　　　　　（　）
    信函中对师长或单位领导的称呼可直呼其姓名。　　　　　　　　（　）

3. { 称呼写得越简短（字数越少）则说明写信人与收信人之间的关系越密切。（　）
    为表示尊重可以把称呼写得长一些，在称谓前加表敬词语。　　（　）

4. { 写"此致""敬礼"时可以只写"此致"，省略"敬礼"。　　　　　（　）
    写"此致""敬礼"时可以只写"敬礼"，省略"此致"。　　　　　（　）

5. { 写"此致"时可以另起一行顶格写。　　　　　　　　　　　　　（　）
    写"此致"时要另起一行前空两格位置，再转行顶格写"敬礼"。（　）

三、阅读下面的报价函后完成文后的练习。

报 价 函

××纸业公司：

　　经我公司与有关方面研究，认为利用稻草为原料制成草浆所需投资设备较多，而且用氢氧化钠为蒸煮液会在生产过程中产生大量黑色废液，造成环境污染。所以用稻草制浆造纸投资大、成本高，我公司认为不可取。

　　我公司建议选择废包装纸箱30%及旧纸张70%为原料，这样投资少、可避免污染环境。日产5吨~10吨包装纸需用33台设备（详见设备清单），总价为180万元人民币。本报价不包括供水、供电、供气设备和技术服务费用。

××××设备制造公司
2019年4月1日

附：设备清单

填空：

1. 报价函是从_____、_____两方面来讲两种制浆原料的优势和劣势的。

2. 报价函的正文要根据买方询价函提出的要求提供可供商品的七项交易条件，这个报价函写了可供商品的_____、_____、_____、_____四项交易条件，没有写_____、_____、_____三项交易条件。

四、用以下所给的材料，写一个供货商向购货方催收货款的催款函。

[写作材料]

购货方：广东佛山无极健身俱乐部

供货商：江苏徐州登峰健身器材设备厂

　　购货方与供货商于2019年5月10日签订了一份总货款150万元的买卖合同，合同规定供货商在2019年6月10日前将购货方订购的健身器材运送到购货方，货物交验、安装好后购货方即交付总货款的60%，即90万元，其余60万元货款于2019年9月10日前付清，逾期未付则按所欠金额的1‰每天给付滞留金。

　　2019年6月5日供货商按合同规定将货物送达购货方，安装并试用，验收合格，当日购货方将货款90万元转入供货商账户，此后购货方一直未向供货商支付余款。2019年9月10日合同规定的付款期限已到，供货商仍未收到购货方应付的余款，于是向购货方送达了催款函。

五、用以下材料，代××家电商场写一个索赔函。

[写作材料]

　　四川成都市××家电商场收到浙江××冷柜厂供货40台冰箱，经检验冰箱质量远远低于双方合同规定的标准。主要问题是：一是编号为××等6台冰箱不制冷，启动200分钟后未结霜，另有20台也不符合合同规定的质量标准。二是噪音大，开机后机体震动强烈，为此到货首日卖出两台后次日顾客退货。三是外观损伤严重，40台冰箱中31台有硬伤和掉漆现象。索赔函中要求冷柜厂速派人到成都解决此问题，并提出此40台有质量问题的冰箱的运费、仓储费由对方支付。要说明因这批货的质量问题已经影响了己方的商业信誉。由于只是代销并未造成直接的经济损失。希望对方尽早回复。

六、阅读下面的求职信后回答问题。

求 职 信

××公司人力资源部王主任：

　　打扰了！

　　我是××学校即将毕业的学生。贵公司是闻名遐迩的中外合资企业。董事长知人善用，我慕名已久。近日，得知贵公司因扩大业务经营而需要增加文秘员。我现来应聘，渴望能为贵公司服务、为董事长效力。

　　本人在校期间，注重思想品德的修养，严格要求自己，积极参加社会实践活动，努力提高思想政治水平。学习成绩优秀，两次获得优秀学生奖学金。两年来，我系统地学习了秘书学、应用写作、管理学、公共关系学、会计学、对外经贸基础等20多门专业课程，熟悉文章写作和公文处理知识，曾获本校征文比赛三等奖。又熟练地掌握了中英文打字和电脑操作技术，能适应现代化办公的工作需要。

　　本人性格开朗，热情诚实，能与人友好相处。通晓普通话、广东话，能听懂一些潮州话、客家话。日常英语的听力和口语也较好。我的爱好广泛，课余时间乐于参加文体活动，多次参加文艺演出，曾获本校第二届歌唱大赛第二名，还多次代表班级参加篮球比赛。本人曾任班长、学生会宣传部长，工作热情肯干，交际广泛，也曾利用假期搞社会调查和社会兼职工作，积累了一些实际工作经验。

　　我十分喜爱秘书、公关和宣传工作。本人对工资福利待遇没有特殊要求。如能录用，即可上班。敬请函告或电话约见。敬候您的回复。

　　此致

敬礼

应聘人：薛××
2018年×月×日

附件：1. 本人简历表及近照一张
　　　2. 各科成绩登记表
　　　3. 推荐信一封
　　　4. 通讯地址、电话、邮政编码

回答问题：

1. 求职人谋求的是何种工作岗位？

2. 这封求职信中哪一段是集中写求职人的综合素质的？是从哪几个方面来介绍求职人的综合素质的？

七、比较下面两封求职信，哪一封写得好，哪一封写得不好，为什么？

[例文一]

求 职 信

××公司人力资源部：

  我冒昧地来函询问贵公司是否需要一名土木工程师，我可于今年六月到职。

  我是广西人，我将在今年5月获得华南建设学院土木工程学学士学位。在大学学习期间，我在勘测、道路设计、工地监督和多层建筑物的结构设计方面获得了一些实践经验。

  随信寄去我的个人简历和大学本科的成绩单。土木工程确实是一个广阔的领域，我在结构设计和基础工程方面特别有兴趣，也有这方面的能力。我是个精力旺盛、身体素质好的年轻人，能够从事艰苦的工作。

  如果求职成功，我保证尽全力为贵公司工作。感谢您在百忙之中给我予以关注。希望尽早得到答复。

  此致

敬礼

董志勤
2019年4月3日

[例文二]

求 职 信

尊敬的丁经理：

  你好！得知贵公司的招聘消息，我禁不住喜出望外。贵公司实力强大，待遇优厚，令人向往。我是××学校××专业的毕业生，对照条件，完全能胜任这份工作，我想你一定会录用我的，这里预先向你致谢了。我一定好好干，不会让你失望的。

  祝你财源广进！

××学校：马云进
2019年×月×日

八、为你毕业时找工作写一篇求职信。

[写作要求]

  1. 学习借鉴已阅读过的几例求职信的写法，结合你本人学业的具体情况，写出有个人特点的求职信。为了便于完成写作练习，求职信中有些学业成绩和学科能力水平达标数字，可以是你现在设定的到毕业时要达到的预期目标。

2. 求职信中专业能力的介绍要写具体。下面是一位计算机专业的同学写的求职信中介绍他自己专业能力的一段话,写得很具体,供你写作时学习参考:

［写作参考材料］

我是××学校计算机专业的应届毕业生。通过三年的学习和业余自修,现已能熟练地操作 DOS 系统,运用 FOXBASE 语言进行数据管理和编程,用 WPS、CCED 快速编辑排版与制表,五笔字型输入速度每分钟达 70 字以上,还能制作精美的个人网页;有较好的英语基础,能从事英语信函、传真和有关资料的翻译工作。

项目五　计划、方案

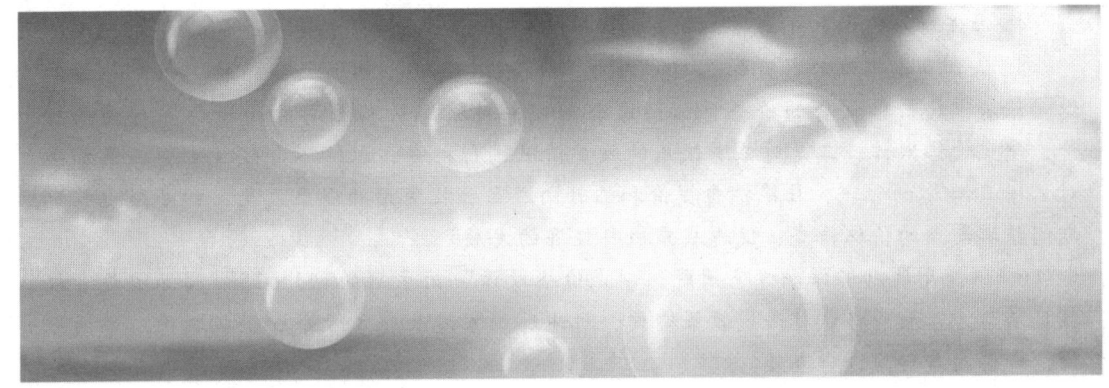

 **学习目标**

　　掌握单位、部门年度工作计划的写作方法；了解方案的广泛用途，掌握产品营销方案的写作方法，学会写开展某项活动的方案。

例文导读

[例文一]

××市物价局2020年物价监督检查工作计划

　　2020年我市物价监督检查工作将以整顿和规范市场价格秩序、制止乱收费作为物价检查工作的重点，强化对节假日旅游市场价格行为、日常明码标价工作、与人民群众生活密切相关的商品价格和服务收费的监督检查，开展以反价格欺诈和反不正当价格竞争为核心内容的市场价格秩序整顿工作，以良好的市场秩序，为我市的对外开放和经济发展服务。根据省、市有关文件精神，现就我市 2020 年价格和收费监督检查工作计划安排如下：

一、专项检查工作

根据省物价局检查分局 2020 年工作重点的安排，今年我市价格和收费专项检查工作是：

（一）上半年检查的部门和行业

1. 按照教育部、国家发改委和财政部的统一部署，开展教育收费检查。

2. 开展对民政、卫生防疫属国家明令取消和降低标准的收费项目执行情况的检查。

3. 开展工商系统收费、邮政资费执行情况、农村电价和农网改造中乱收费、农业生产资料（含种子）价格的检查，完成交通运管系统收费专项检查乱收费案件的处理及未结案件的扫尾工作。

4. 加强对人民群众生活密切相关的自来水、液化气、汽车客运票价的检查。

5. 认真贯彻市政府召开的创建"中国优秀旅游城市"动员大会精神。一是积极组织对旅游市场价格收费的检查，加强综合治理，对旅游区和旅游购物场所实行明码标价，制止价格欺诈；二是对旅游饭店的收费情况进行检查，取缔不合理收费；三是加强对"一日游"的管理，杜绝擅自提价和临时向游客加收费用的现象发生；四是强化节日期间旅游景点的价格检查，促进我市假日经济的发展。

6. 积极开展以"维护绿色消费，制止价格欺诈"为主题的"3·15"国际消费者权益日活动，开展价格法律法规政策咨询，对违反国家发改委 8 号令和哄抬物价、串通涨价等价格欺诈行为进行查处。

7. 切实落实明码标价制度，积极开展反不正当价格竞争和反价格欺诈工作，确立"一条街、一个电信窗口、一个农贸市场、一家医疗服务窗口、一个旅游景点"的"五个一"明码标价示范点。继续开展创建"物价、计量信得过单位"活动，拟推荐两家信得过单位（商店）参加全省的评选。

（二）七至九月份检查的部门和行业

1. 开展国家发改委部署的药品、医疗服务价格专项检查。

2. 完成省物价局部署的成品油价格、技术监督系统收费、夏粮收购价格的检查。

3. 开展对收费年审移送案件的查处。

4. 接受省市行政执法检查，积极参加案卷评比工作，并迎接省物价检查分局"规范化物价检查所"的复查。

（三）十至十二月份检查的部门和行业

1. 开展在结婚登记、购建房等过程中乱收费及搭车收费的检查。

2. 做好房地产价格及物业管理收费的检查。

3. 完成全年价格违法案件文书的整理归档、监督检查工作总结。

二、日常检查工作

1. 认真做好价格举报中心工作，积极受理群众在价格和收费方面的投诉，限时办结举报案件，做到件件有落实，事事有回音。

2. 围绕群众关心的热点、难点，查处几件群众关心的价格欺诈案件，取信于民。

3. 做好反不正当价格竞争的调研工作，维护公平有序的价格竞争秩序。

4. 充分发挥市职工物价监督站的作用，加大价格调节基金的征管力度，为市政府调控市场服务。贯彻国家发改委8号令，提高明码标价普及率，力争使全市明码标价普及率达95%以上。

5. 及时、准确完成物价监督检查统计报表上报工作，认真做好统计分析、专项检查总结、半年和年终工作总结。

6. 加大价格监督检查宣传力度，宣传价格法律、政策，报道检查工作动态，对典型的价格和收费违法案件通过新闻媒体予以曝光。

7. 积极办理市委、市政府和省物价局、物价检查分局交办的各项工作，并认真受理其他部门移送的案件。

××市物价局
2019年12月20日

[导读]

这是一篇年度工作计划。计划的开头一段是导语，先概括计划的基本内容，再说明制订计划的目的，然后引出制订计划的依据，紧接着用一个过渡句承上启下，自然地转入下文计划的主体内容。

计划的主体内容采用条文形式，逐条逐项地写明计划期内要完成的两大项工作：专项检查工作和日常检查工作。在表述这两大项工作任务时，逐项加以细化。

写"专项检查工作"时，将全年工作任务划分为三个时间段：上半年、七至九月、十至十二月，分条列述各个时间段要完成的各项工作任务。三个时间段共要完成14项专项检查工作，这14项工作基本上是按行业逐项写的，如教育收费检查、旅游市场价格检查、医疗服务价格检查等。

写"日常检查工作"时，写了七项检查工作。写这七项工作时侧重是写实现计划的措施方法，如"限时办结举报案件""充分发挥职工物价监督站的作用，加大价格调节基金的征管力度""及时准确完成物价监督检查统计报表上报工作""加大价格监督检查宣传力度""报道检查工作动态，对典型的价格收费违法案件通过媒体予以曝光"等。这些方法措施也是完成前面所讲的十四项专项检查工作的具体办法。

"日常检查工作"和"专项检查工作"这两大项写作内容之间有紧密联系。第一部分"专项检查工作"着重写"要完成的任务项目指标和要求"，即"做什么"；第二部分"日常检查工作"着重写"实现计划的步骤方法和措施"，即"怎样做"。

这个计划从写作格式上看，分条列项很清楚，很有条理，序码的层级用得恰当。在计划的实际写作中，日常性的年度工作计划一般都采用这种写法。

[例文二]

××市场宝丽漆营销方案

一、市场分析

(一) 市场容量及分布

据调查统计，××市2019年涂料市场容量销售值为6亿~6.5亿元人民币，其中建筑涂料约4亿元，木器漆2.5亿元。全市经营涂料的商家数量市区为800多家，主要在小东门附近（共有400多家，占涂料市场商家总数近60%），其余分布在青岛路、粮道街、南国建材市场、福源市场等建材市场或建材集散地。××市目前有建材超市两家：同心家园和红太阳建材超市。全市涂料经销商中，专卖店数量占15%。

(二) 市场主要品牌的营销通路及促销手段

华润：以销售木器漆为主，乳胶漆为辅。采用直接开设专卖店和发展特许加盟店的方式经营，以每个建材市场和建材集散地为单位发展专卖店，目前在××市共有专卖店23家，建材超市进入一家。促销手段采用免费喷涂及户外广告和电视广告等传统促销方式。对油漆工的返利是其最具特色的促销手段，并取得了较好的效果。

立邦：以销售乳胶漆为主。采用分品牌代理及特殊消费群体代理，辅以调色中心及大量的经销商经营的方式进行经营。目前有品牌代理7家，装饰公司代理1家，工程代理1家，共开设调色中心32家，经销商80多家。促销手段采用媒体广告宣传和开展规模促销活动等形式。立邦乳胶漆的市场份额很大，现正在木器漆方面进行大力推广。

其他主要品牌如多乐士、美涂士等，除多乐士主要销售乳胶漆外，其余品牌均以木器漆为主，都是以开设加盟专卖店的方式经营，网点数量多乐士为46家，其余品牌网点数量均不多。

(三) 宝丽漆市场现状

目前我公司生产的宝丽漆产品中乳胶漆销量情况较好，但聚酯漆销售不快。有分销网点18家，门招制作28家，在案油漆工30多名，合作的家装公司5家。宝丽漆目前在××市场处于开拓期，处于商家和消费者对其逐渐认识接受阶段，知名度还不高。目前的工作重点除继续开发销售通路外，当务之急是设法力促产品的终端销售，提高品牌的知名度。

二、营销目标

提高宝丽品牌在××市场的知名度和认受度，较大幅度地提高宝丽漆的销售量，宝丽漆明年在××市场的整体销售量突破400万元。

三、市场策略

为扩大销量下一步采取的营销策略是：在继续开拓销售通道的同时，强化宝丽漆的推广。重点是强化广告公关推广，迅速提高宝丽漆的知名度。

四、行动计划

(一) 开拓销售通道

1. 在现有的宝丽漆经销商中培养专业化的样板，为经销网络树立榜样。从目前的经销网点看,分销商质量不高,大都为非专业经营涂料的沿街路边店,涂料产品知识缺乏,经营能力较差。确定在南国建材市场和福源市场各培养一到两家忠诚度高、销量好、专业化程度高的经销商,为带动整个行销网络创造好的业绩树立样板。

2. 想办法进入同心家园和红太阳两家建材超市,同时发展增加分销网点,将分销网点扩展到30家左右。进入超市的目的是树立品牌的销售网络形象,而并不强求有较大的销售额。在两大超市中逐步建立起稳固的经销点,从而给整个分销网络增加强劲的生命力,在一定程度上起到稳定经销网络的作用。

为保证以上两项工作的完成,公司决定增加三名业务人员专门负责以上工作,并进行一定的资源投入。

3. 继续抓好油漆工网络的培育。油漆工是产品市场推广的主要媒介,通过一定的组织方式进一步加强油漆工对宝丽漆品牌各种产品的认识。

(二) 强化广告宣传公关推广

1. 在专业市场投放户外广告。具体运作:

(1) 南国市场投放一块户外广告($120m^2$)。

(2) 福源市场投放一块户外广告($70m^2$)。

目的:①提升品牌知名度,增强经销商对品牌的认知度和信心;②吸引更多商家加盟宝丽漆的销售队伍。

2. 制作电视广告。具体运作:

制作5秒电视标版广告,选择××(省)电视台《天天房产精品版》以及××(市)电视台经济资讯频道作为广告依托载体。在《天天房产精品版》每天播放12次,计划连续播放两个月,在××(市)电视台每天的20:30—23:00电视剧特约广告时段播出两次,计划播放30天。

目的:①通过在专业性版块节目里插播广告,提升品牌在目标消费群体中以及行业内的认知度;②增强经销商对宝丽漆的信心。

3. 销售终端展示。具体运作:

(1) 充分利用公司现有资源进行立体式的销售终端组合包装,包括对货架、灯箱、样板、样板架、样板册、样品罐、说明书、一次性单页资料、海报等进行有针对性的整合包装。

(2) 联系广告公司进行咨询,力求在市场内做到终端的差异化包装。

目的:①提升品牌形象,增加产品在终端的冲击力;②烘托终端销售氛围,增强终端的销售力。

4. 小区推广。具体运作:

(1) 选择中高档住宅小区对宝丽漆进行重点推广,充分组合海报、单页、DM、横幅、样板架、样板册、太阳伞、小气球、拱门以及广告碟,达到整体宣传效果。

(2) 一般采用导购员现场讲解和现场销售为主要进行方式,每次推广活动均要求确定一个较为突出的主题进行宣传,如产品质量、服务、价格等。

目的:①提高品牌知名度和亲和力,增强公司对终端用户的服务意识和服务能力;

②促进销售量；③拓展和培育油漆工网络。

此项活动因要求较高，对资源及人员要求充分完备，所以可以考虑在后期进行。

5. 环保公益事业赞助。

具体运作：选择较有影响力的环保事业项目进行赞助投入，并且与媒体保持良好的合作关系，努力进行品牌的信誉传播。

目的：①提升品牌的信誉度和知名度；②通过与公益事业项目的结合，提高品牌内涵宣传的深度和广度。

五、费用预算

1. 户外广告：南国市场 37,000 元/块；福源市场 40,000 元/块；共计：77,000 元。
2. 电视广告：制作费 92,700 元。
3. 终端展示资源费用：40,000 元。
4. 小区推广费用：10,600 元。
5. 环保公益事业赞助：10,300 元。

费用总计：230,600 元。

六、方案效果预测评估。

方案开始实施后，由公司市场部分阶段对行动计划的执行效果作归纳总结，并委托各分销商及时反馈销售情况和消费者反应，及时改进促销方法。

本方案有明确的思路和切实可行的执行办法，如果方案所有计划逐一落实到位，在多方共同努力之下，可以达到营销目标，从而增强终端乃至整体市场的销售活力，实现宝丽漆在××市场的完全销售量。通过××市场又可对周边地级城市产生辐射作用，为公司在××地区形成全国市场的局部优势打下基础，进而为2020年度全国市场的整体成功提供涂料运作项目的经验。

[导读]

这是一个生产涂料（宝丽牌油漆）的公司为了迅速开拓本公司产品在某城市的市场，计划在该城市实现年销售量400万元而制定的营销方案。

方案开头对某城市市场作了市场分析。分析时先从宏观上讲涂料产品在这个城市的市场总容量及经营商家的分布，然后具体分析了市场上两家著名品牌涂料产品在这个城市的营销通道和促销手段，再客观地分析了本公司产品在这个城市市场的销售现状。通过分析，做到知己知彼，明确了市场营销做得好的品牌有哪些做法值得参考借鉴、本公司的产品营销应从哪些方面入手去做、该城市市场有哪些机会点。市场分析为下面制定营销目标、市场策略提供了依据。方案中的"市场分析"部分，实际上就是一个压缩了的市场调查报告。

接着，方案提出了"提高宝丽品牌在市场上的知名度和认受度，年销售量突破400万元"的"营销目标"，这是方案的核心，也就是全文的主旨。此前的"市场分析"是为主旨的提出作铺垫和准备，此后的"市场策略"和"行动计划"等内容也都是围绕主旨来写的。

"市场策略"定得很明确，有两点：一是继续开拓销售通道；二是强化产品的推广，重点是广告公关推广。市场策略是从总体上讲该怎么做、做些什么，它是行动纲领，指明下文所讲的"行动计划"的方向，起引导作用。

　　随后，此方案的写作进入到重点部分——"行动计划"，这是具体写"做些什么"和"怎样做"，讲怎样去落实"营销目标"提出的总任务、怎样去贯彻执行"市场策略"确定的总方针。"行动计划"中的每一项都写得详细、具体，可直接按此操作去做。如，"小区推广"，是讲"做什么"；"选择中高档住宅小区进行重点推广，组合海报、横幅、样板架等达到整体宣传效果"，是讲"怎样做"。

　　实施"行动计划"中的每一项工作都需要经费保证，方案的后部分对"行动计划"各项目所需的经费投入都作了事先安排，"费用预算"这部分的写作中，各项目金额和总预算金额都写得很具体很清楚。

　　方案的最后部分，对方案本身的预期效果作了预测性评估。制订营销方案前应事先作好市场调查，如果没有事先调查制订出的方案就成了无本之木、无源之水，没有基础。另外，要对方案实施效果进行预测、评估和判断，否则盲目按方案进行，很可能就是瞎忙一阵，劳而无功。这个方案的"效果预测评估"部分对评估的方法（分阶段对实施效果进行总结）作了明确的规定，对方案近期和远期的效果作了比较乐观的预测性评估，同时强调了方案的所有措施步骤都必须落实到位，这是达到预期效果的前提条件。

　　这篇方案写作内容完整，写作重点突出（全文的重点是"行动计划"，"行动计划"中又有重点："强化广告公关推广"），条理清晰。行文时由于项目分得很详细，因此句子间过渡性词句很少用，语句简明扼要。这是一篇写得比较好的产品营销方案。

知识准备

一、计划

（一）计划的用途和种类

　　计划是单位、部门或个人对未来一定时期的特定工作或学习事先所作的打算和安排。具体地说，是人们为了更好地完成工作或学习任务，根据上级的有关要求，结合自身的实际，对一定时期内要完成的工作学习任务的指标、要求、措施、步骤以及完成的期限，自己给自己作出的具体规定，把它写成书面文件，就是计划。"凡事预则立，不预则废"，计划的用途是覆盖全社会的。计划适用于不同的领域，如财经、科研、教育等。计划适用于不同的对象，大到国际组织、一个国家，小到单位、个人，都需要用到计划。

　　财经工作计划是财经工作顺利开展的前提，是财经工作管理过程的起始环节，也是整个管理过程的依据，因此，财经工作计划的制订，不仅是为了使制订计划的单位、个人对未来时期的财经工作任务做到心中有数、有明确的奋斗目标，增强预见性、主动性，减少盲目性，使工作有条不紊忙而不乱地进行，而且它也是进行计划管理的一项基础工作。通过计划，上级领导可以按照计划的安排，对工作进行督促、检查、调节、考核、评估，起到监督促进作用。计划一经制订，就具有一定约束力，未来的工作将在它的规范下具体落实，所辖的单位、部门及个人，必须严格依照执行，确保预期目标顺利实现。

计划类文书有多种，如工作要点、方案、规划等。工作要点是提纲式的计划，是对某个阶段时间内要完成的若干项工作作出的简明扼要的安排，一般只写明未来时期要"做什么"，而"怎样去做"则不写或略写；方案是事先详细谋划、供具体操作的计划类文书，是一种系统全面的实施性文件；规划则是长远宏大的计划，是对未来较长阶段（如五年、十年等）某一地区、某项事业、某个大项目工作的总体目标、规模、任务定出的蓝图。

（二）计划的写作方法

1. 标题

标题即计划的名称，由制订计划的单位名称、计划的适用时限、计划的内容和计划的文种名称四项组成。如：××市2020年物价监督检查工作计划。

2. 正文

正文包括三部分内容：

（1）目的和依据。这是正文部分的导语，简要说明制订计划的指导思想及目的、上级的有关指示和要求、制订本期计划的条件、提出计划的基本内容。这些实际上是写明"为什么做""依据什么来做"。

（2）要完成的任务项目指标和要求。即写明计划的具体项目、各项主要指标和要求。制订计划指标通常要写明指标的具体数值，如粮食产量多少公斤，某产品实现利润多少金额。不仅要写明计划指标的数量指标，还要写明计划指标的质量指标，如生产的某产品质量达到何等级标准。这部分的内容实际上是明确"做什么"和"做到什么程度"。写作这部分时通常采用条文形式逐条逐项地写。

（3）实现计划的步骤、方法和措施。这部分回答"怎样做""什么时候做完什么事"的问题。要详细说明实现计划的步骤安排、实施进度、各种保障措施和具体方法，也即讲明如何执行计划、如何分工负责、如何检查考核（包括为保证计划能实施落实到位采用的奖惩办法）。

在计划的实际写作中，以上（2）、（3）两部分写作内容经常是结合来写的，即写一项任务指标（做什么），接着就写怎样去实现这个指标（怎样做），然后再写第二项任务指标和怎样去实现这个指标。

计划正文的结尾处可提出执行计划的要求和希望，也可发出号召。有的计划没有专门的结语，计划内容写完就自然结束。

3. 落款

在正文的右下方（与正文之间至少要空一行）写明制订计划的单位和日期，如果单位名称已在标题中写明，则落款时可省略不写。

二、方案

（一）方案的应用、方案的写作内容、写作方法

方案是各行各业普遍使用的一种应用文。为了完成一项即将要进行的、工作量又比较大的工作任务，人们常常会说："拿个方案出来"、"定个方案出来"。大到国家和政府部门要使用方案，如国务院 2007 年制订的《中国应对气候变化国家方案》《节能减排综合性工作方案》、农业部 2018 年 1 月制定的《2018 年农业转基因生物监管工作方案》、民政部制订的自然灾害救援方案、地方政府制订的治理城市交通拥堵方案等。各行业基层单位使用的方案则更多，如企业改制方案、竞争上岗方案、薪酬分配方案、职工培训方案、先进员工评选方案、开展某项活动的方案等。财经工作使用的方案也很多，如：产品营销方案、项目融资方案、贸易谈判方案、新产品开发方案、车展活动方案、商品房户型方案、工程施工方案等。

方案是对即将要做的、实施过程比较复杂、需完成的具体事项较多、涉及面较广的某项工作，从目的、要求、方式、方法等事先作出详细具体的谋划规定，以供操作执行的一种计划类文书。方案要对完成某项工作所需的时间、人力、物力、财力等经过缜密的测算后作详细的安排和规定，对工作任务的完成起保证作用。方案制订需要科学的方法，它要求根据不同的信息和测算方法提供多套方案，最后由专家和领导研究讨论确定一套最佳方案。方案集中了集体智慧，对防止重大经济损失有重要的保证作用，对于控制、协调和指导经营管理实践活动具有导向意义。

方案一般包括以下几项写作内容：方案的写作采用总分式结构条目形式，开头一段用简短的文字说明制定方案的依据、目的意义领起全文，然后分条列项写作方案的主体内容，主体内容依次写明以下几项内容：工作任务、实施步骤、具体措施、完成进度、职责分工。与计划的写作内容相比较，方案侧重于具体操作执行，条款内容更加细化，条目层级较多。

（二）产品营销方案的写作内容、写作方法

产品营销方案也称作市场营销方案、营销策划书，它是经营者对某种产品在某个目标市场的营销目标、市场策略、行动计划作出具体设计和部署的一种财经工作方案。产品营销方案是商务策划方案（也叫商务策划文案、企划案、商务策划书）的一种。商务策划方案是企业或其他经营实体为达到一定的经济目的去做某项工作而事先谋划制订出这项工作的目的、策略、原则、方法、步骤，并对这项工作的预期效果作出评估的一种行动方案。商务策划方案是经营者把某种经济意图变成现实的桥梁，是经营者完成某项工作的进度表。

产品营销方案的写作内容、写作方法如下：

1. 市场分析

写作时列述通过市场调查得到的有关数据，对有关的宏观环境和微观环境进行简明扼要的分析，也就是对市场调查结果进行分析，要说明本产品与市场上其他产品相比较的劣势或优势。

市场分析要写明以下几项内容：

（1）产品市场的整体规模；

（2）各竞争品牌销售量的比较分析；

（3）各竞争品牌市场占有率的比较分析；

（4）各竞争品牌销售通路的比较分析；

（5）各竞争品牌广告策略、促销活动和公关活动的比较分析；

（6）各竞争品牌定价策略的比较分析。

对市场作出分析之后，再以市场为参照，写明本产品目前面临要解决的重要问题，也即通过市场分析得出的结论。

2. 营销目标

营销目标，即方案中为该项工作任务确定的预期结果，也即方案主体人要达到的目的。营销目标应包括销售量、营业额、利润等项目的指标。

3. 市场策略

市场策略也称作营销策略，是为实现方案中提出的目标而制订的行动方针和运作手段。

4. 行动计划

行动计划是为实施市场策略而制订的具体作业计划，包括具体的工作事项、工作方法、工作步骤直至日程安排、人员和设备的配备。在营销方案中行动计划主要是指推广计划。推广计划包括广告策略、媒体运用、促销活动和公关活动四大项。

行动计划是产品营销方案写作内容的主要部分和重点，占据方案的主要篇幅，这部分的写法是，按行动计划事项的主次、大小，并结合行动事项实施操作的先后顺序写明以下内容：

为达到营销目标将要采取哪些行动；完成每个行动事项的具体办法；完成这个行动事项要达到什么目的，人力、物力、财力投入多少，投入后要达到什么效果。

写作时逐项逐条标序号、分层级，条理分明，有具体数字。

5. 费用预算

费用预算是对方案实施过程费用投入情况做出的预算安排，包括总费用和具体费用。

6. 方案效果预测

方案效果预测是对方案实施后产生的效益、效果和远期影响作出的预估、判断与说明。

产品营销方案采用多层级条款形式来逐层表述方案的各项具体内容。行文时，注重直接告知具体事项，而不考虑或较少考虑表述这些事项的语句之间的衔接关系，允许句子之间有较大的跳跃性，因此过渡性词句很少，用语简明扼要。

 训练设计

训练点：

1. 强化和巩固理论知识的认知与记忆
2. 用所给的实例作参考制订个人课程学习计划、技能训练计划
3. 参考实例用所给的材料写作开展某项活动的方案
4. 模拟写作产品营销方案

写作训练习题：

练习题一

练习题二、三

练习题四、五、六

练习题七

> **写作训练练习**

一、填空题：

1. "凡事预则_____，不预则_____。"
2. 财经工作计划是财经工作管理过程的_____环节。
3. 与计划的写作内容相比较，方案侧重于_____，条款内容更加_____。

二、根据学校的有关要求和本人实际情况，制订一份切实可行的各门课程学习计划。

三、下面这篇班级技能训练计划中规定，每位同学要制订出个人训练计划，请你参考这篇班级技能训练计划的写作内容和写作方法，结合你本人的实际情况，制订一份有个人特点的个人技能训练计划。

[写作参考实例]

××班2019—2020学年度上学期
技能训练计划

过硬的专业技能是我们职校学生今后的自立之本，根据社会实际需要和我校技能达标等级考核标准的要求，结合我班实际，特制订我班本学期技能训练计划如下，望大家共同努力完成这个计划。

一、任务要求

本学期技能考核的项目有普通话、硬笔书法、数字书写、计算机五笔字录入、数字录入共五项，我班力争每项技能考核30%以上的同学达到优秀等级，60%以上的同学达到良好等级，90%以上的同学达到合格等级。具体要求为：

1. 普通话：利用早自习时间学习《普通话训练与测试》一书的内容，每天突破一个重点，由语文科代表负责检查。
2. 硬笔书法：每天临帖一页，由书法科代表负责检查。
3. 数字书写：每天写数字练习纸一张，由书法科代表负责检查。
4. 计算机五笔字录入：利用上机时间进行30分钟练习，由计算机科代表负责检查。
5. 数字录入：利用上机时间进行15分钟练习，由计算机科代表负责检查。

二、步骤方法

第一阶段（第1~2周）：明确训练目标，制订训练计划。

在班主任老师的指导下由班委会制订本班训练计划，各科代表制订本学科训练计划，每位同学制订出个人训练计划。

第二阶段（第3~15周）：具体实施计划。

1. 训练时间：早自习（30分钟）和下午第七节技能训练课（45分钟）为技能训练时间。

2. 训练安排：每周一、周三、周五早自习为普通话训练，每周一、周三、周五下午第七节技能训练课为计算机五笔字录入和数字录入训练，每周二、周四下午第七节课为硬笔书法和数字书写训练。

第三阶段（第16~18周）：考核、总结。

参加期末学校统一组织的技能达标考核，班主任老师对全班本学期技能训练进行总结。

三、具体措施

1. 班委会协助老师按计划组织全班同学完成训练，每日必练，每周必测。

2. 由科代表及时统计和公布训练成绩，在班内形成比、学、赶、帮的良好学风。

3. 采取"一帮一"结对子的方法训练，互相帮助提高训练成绩，使全体同学共同进步。

4. 除学校给予相应的学分奖励外，班内还给予加分奖励，达到优秀等级的每项加3分，达到良好等级的每项加2分，达到合格等级的每项加1分。

5. 达标考核结束后，班内对各单项前三名、全能前五名，另行给予奖励。

同学们，技能成就我们的未来，技能是我们的立业之本，让我们脚踏实地，苦练巧练，练就过硬的技能，去创造我们美好的明天！

××班班委会
2019年9月2日

四、写一个"火灾自救演练活动方案"。

[写作参考材料]

学校为了保障学生的人身安全，按照上级的规定，决定于近期进行一次模拟火灾发生时防护自救的演练活动。为了把这次活动搞好，取得实实在在的成效，事先必须做好周全的准备工作。请你以学校的名义，写一个火灾自救演练活动方案，方案的制订者是某某学校，方案应包括以下写作内容：

1. 制订方案的目的、意义及有关背景。

保障学生人身安全、避免国家财产损失；部分同学预防火灾的意识较差，曾有个别住读生晚上在学生公寓违规使用电器、点蜡烛，个别同学课间在教学楼内燃放鞭炮等；不少同学不知道、也不会运用火灾自救的方法。

2. 演练活动的时间、场所。

演练时间可定在12月18日（圣诞节前一周）；演练场所包括教学楼、实验楼、多媒体教室、学生公寓等。

3. 参加演练活动的人员。

各班级同学、各班主任、部分老师、学校有关部门的工作人员等。

4. 演练活动的步骤。

包括准备阶段和实际演练阶段：

准备阶段：

（1）各班召开主题班会。明确演练活动重要意义，提出参加演练活动的具体要求。

（2）火灾自救互救知识的讲解指导。由学校安排校保卫部门专职人员、学校医务人员或聘请校外消防部队战士给学生讲解、指导火灾预防和火灾发生时自救互救的方法及注意事项。

（3）购置演练活动需用的器材物资。如灭火器、绳索、毛巾、口罩等。

实际演练阶段（演练内容）：

（1）分年级共进行两次演练，一天进行一次。

（2）参加演练工作人员的职责任务：如演练活动领导小组成员的职责分工、各班主任的职责任务、学生科、保卫科、医务所等部门工作人员的职责任务、校外聘请的消防人员的工作任务等。

（3）演练的进行程序：如演练进行时的组织指挥，模拟火灾的信号设置、操作，确定火灾发生时学生疏散逃离的路径，各疏散楼房通道、楼梯口值守人员的引导方法等。

（4）演练活动小结。

按国家有关规定学校的防灾演练活动每年至少要进行一次。学校各部门各班级对本次演练活动进行小结，提出对下次演练活动有用的经验和改进的意见。

五、写一个开展某项校园活动的方案，如某项文体活动比赛方案、学习成绩优秀的校园标兵评选方案等。

［写作方法提示］

1. 此项活动由校学生会（或团委）主办，因此方案的制定者是学生会（或团委），或其下属的文体部、学习部。

2. 如果是写评选活动方案，则方案内容可写以下几个项目：主办者、评选目的及评选内容、评选对象及参评者条件、评选时间、评选活动推广（指评选前的宣传造势方式和评选后评选结果的发布、入选者的图片展示和事迹介绍）、评选标准、评选名额及奖励办法、评委会成员等。

六、以"××班开展"志愿者的一天"公益活动方案"为题，以到社区、村组给孤寡老人、残疾人、留守儿童送上关爱，提供帮助，帮他们做事（如打扫卫生、陪老人聊天解闷、给他们表演文艺节目、给留守儿童讲故事、辅导他们做作业等）为写作内容，写一个开展校外活动的方案，写作时学习借鉴下面这个参考实例的写作方法。

［写作参考实例］

××班开展"爱护环境，清捡垃圾"活动方案

为了培养奉献精神，树立环保意识，提高我班同学的思想道德素质，我班团支部发起组织以"点滴奉献从现在做起"为主题的社会公益活动，组织全班同学到武昌辛亥革命烈士纪念广场清捡垃圾、为游人服务的活动，以下是本次活动方案的内容：

一、活动目的

1. 树立环保意识，增强社会责任感；缅怀革命先烈，提高道德素质。

2. 增强班级的凝聚力，培养学生的组织能力和团结协作能力。

二、活动时间

2019年4月7日（星期六）下午2时30分至4时。

三、活动地点

武昌辛亥革命烈士纪念广场。

四、参加人员

××班全体同学及班主任老师。

五、活动内容

1. 在广场的走道、台阶、花坛等地方清捡垃圾。

2. 为游人指路，提供力所能及的服务。

3. 瞻仰烈士塑像，在烈士纪念碑前合影留念。

六、活动要求：

1. 全班统一行动，同去同回，一切行动听指挥，服从老师的管理。

2. 全班同学穿校服戴好校牌，每人准备一个大塑料袋装垃圾，自备一次性卫生手套。

3. 全班分成八个小组，组长带领本组同学集体行动。

4. 言行文明，注意安全。

七、活动步骤

1. 下午1时30分在学校操场集合前往活动现场。

2. 到达纪念广场后，先瞻仰烈士群雕塑像，然后在烈士纪念碑前集体合影。（约进行20分钟。）

3. 捡拾垃圾，集中放进垃圾箱，由各组组长与广场的保洁人员联系，配合他们的工作。在捡拾垃圾的同时为问询的游人指路，为游人提供力所能及的帮助。（约进行1小时。）

4. 活动结束后团支部书记现场作活动小结。（约进行10分钟。）

5. 下午4时离开广场集体返回学校。

希望全班同学以积极的态度认真做好各项准备工作，以饱满的热情参与这次有意义的集体活动。

××班团支部

2019年4月1日

七、以某公司市场营销部的名义，为这个公司的产品在某地区市场打开销路、创造一定的销售业绩写一个产品营销方案。

［写作方法提示］

1. 自行确定一种比较熟悉的产品，可以是已有的老产品，也可以是刚刚投放市场不久的新产品，或者是即将面世的最新产品。对此产品的市场需求要有一定的了解。

2. 学习借鉴例文"××市场宝丽漆营销方案"的写作方法。

写作要求：

写作这篇产品营销方案时，营销目标要明确具体，市场策略重点明确，行动计划的内容要具体、有创意。

项目六　合同、协议书

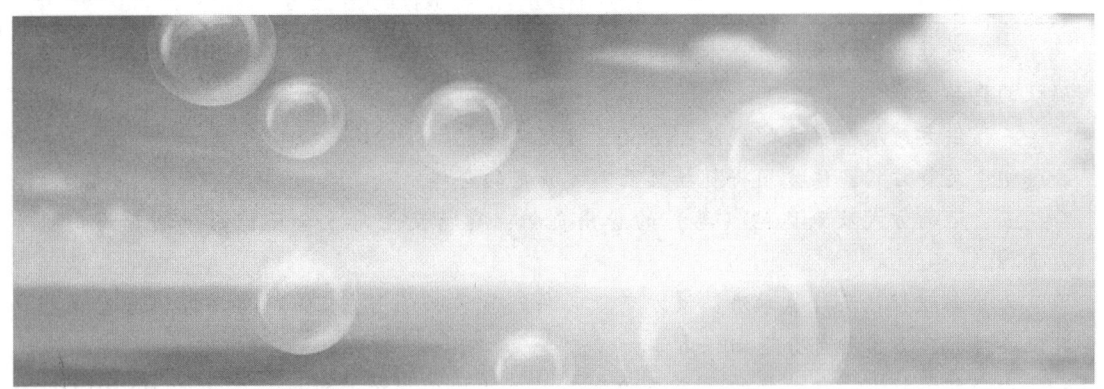

学习目标

　　熟悉合同的格式，掌握合同八项条款的写作方法，能用精确的文字准确表述合同内容。掌握协议书的写作方法。了解服务合同的用途，掌握服务合同的写作方法。

例文导读

[例文一]

产品购销合同

合同编号：SHHXP20187

签订地点：上海

签订日期：2018 年 3 月 10 日

供方：福建德化永茂瓷器厂

需方：上海华信贸易有限公司

供需双方签订以下合同条款共同遵守：

一、产品名称、商标、型号、数量、金额、供货时间及数量。

产品名称	牌号商标	规格型号	计量单位	数量	单价（元）	金额	交（提）货时间及数量
35 头陶瓷茶具	永茂	HX1115	套	542	175	94,850	本合同项下的货物必须于 2018 年 4 月 20 日前交到需方仓库，不分批交货。
20 头陶瓷茶具	永茂	HX2012	套	800	148	118,400	
47 头陶瓷餐具	永茂	HX4405	套	443	172	76,196	
95 头陶瓷餐具	永茂	HX4515	套	254	212	53,848	
合计（人民币）				叁拾肆万叁仟贰佰玖拾肆元整			

二、质量要求技术标准：本合同项下的产品规格以及图案以双方于 2018 年 3 月 4 日确认的样品为准。

三、供方对质量负责的期限：自交货日起三年。

四、交货方式：供方须将货物交至需方指定的仓库。

五、运输方式及到达站（港）的费用负担：货物交至需方仓库前的一切费用由供方负担。

六、合理损耗及计算方法：供方交货时每一货号必须另备 2% 的备用品，若发生损坏以备补齐，多出的部分退回供方。

七、包装标准、包装物的供应与回收：以上货物须用纸箱包装，其中的 HX2012 型号每箱 2 套，其他货号为每箱 1 套，包装纸箱由供方提供，不计价，不回收。

八、验收标准、方法及提出异议期限：对于产品的外观以本合同第二条规定验收，其内在品质需方委托相关部门验收，若有异议务必在货物入库后 30 天内提出。

九、结算方式及期限：货物进仓，经需方验收后在 30 天内以银行汇兑结算。

十、违约责任：任何一方违约必须给予对方赔偿，赔偿额不低于损失额的 125%。

十一、解决合同纠纷的方式：若产生合同纠纷，由双方协商解决。协商不成的则提交上海有关法院裁决。

十二、其他约定事项：

1. 未尽事宜双方协商解决。

2. 合同有效期限：2018 年 3 月 10 日至 2021 年 5 月 20 日。

福建德化永茂瓷器厂	上海华信贸易有限公司	公证意见：
（公章）	（公章）	××××××
地址：	地址：	经办人：徐××
德化县××路×号	上海市××路××号	公证机关（公章）
代表人：陈××（签字）	代表人：袁××（签字）	××年×月×日
身份证号码：	身份证号码：	
电话：××××××	电话：××××××	

[导读]

这份买卖合同按《中华人民共和国合同法》的规定八项条款都有,从书写格式看完整规范,其中有几项条款(标的名称、数量、价款等)列成一个表格形式显得清晰明确,表格与文字表述配合使用妥当、协调。

这份合同在语言的表达上做到了具体、确切,细微之处都作了严密的规定,避免了歧义和以后可能会产生的合同纠纷,如以下用语:自交货日起、须将、指定仓库、货物交至需方仓库前的一切费用、其中××型号每箱2套,其他货号每箱1套、赔偿款不低于损失额的125%,都表述得准确具体。

[例文二]

网上销售协议书

甲方:××××　　　　　　　　乙方:××××
地址:××××　　　　　　　　地址:××××
法定代表人:×××　　　　　　法定代表人:×××
身份证号码:×××××　　　　身份证号码:××××××

甲方拥有在线××销售网站,乙方是××产品的生产厂商,双方本着平等互利的原则,经商议达成如下协议:

1. 甲方在××购物商城网站上展示销售乙方产品,展示内容如产品图片、介绍资料等由乙方提供。

2. 甲方在××购物商城产品数据库中发布乙方产品,供用户查询选购,确保所发布信息准确无误(根据乙方所供资料发布)。

3. 乙方须提供明确的产品质量保证和售后服务说明,确保所提供产品信息真实准确,产品质量可靠、有保障,并完全符合国家相关法律法规。凡因产品本身所造成的纠纷或责任由乙方承担并负责解决。

4. 乙方须向甲方提供一份准确的价格清单,该清单中含两种价格,一是网上公开的零售价,二是给甲方的进货价格(若按扣率计,也须明确注明),经双方签字确认后执行。乙方必须保证提供给甲方的进货价格为最低出厂价,乙方以出厂价向甲方供货。

5. 乙方须确保在××市可即时供货,即乙方收到甲方订购通知并确认后24小时内免费送货到位。送货地点为甲方物流中心或甲方指定并经乙方认可的其他地点。

6. 乙方产品销售价格或其销售策略若有变动,须提前3天通知甲方,以便甲方及时更新,否则甲方将继续按原定销售策略销售,由此造成的损失由乙方承担,甲方不承担责任。

7. 乙方必须保证甲方无条件退换货的权利,甲方必须保证退回货品包装完好,并不影响再次销售。

8. 乙方产品通过甲方购物商城网站发生的销售,一律由甲方开具销售凭证,货款由甲方负责收取。甲乙双方按协议每45天结算一次（如有变动双方可协商），结算方式由双方具体商定。

9. 乙方网页设计制作费用由甲方承担，乙方给予相应的广告支持（在其他媒体上做广告或直接在甲方的购物商城网上做广告等形式均可，费用由乙方承担），甲乙双方若需进一步合作，可另订协议。

10. 本协议一式两份，双方签字盖章后生效。任何一方如违约，都将承担法律责任和由此引起的一切经济损失责任，并赔偿给对方。本协议有效期暂定一年，未尽事宜由双方另行商定。

  甲方（盖章）：   乙方（盖章）：
  甲方代表：×××   乙方代表：×××
  电话：××××××   电话：××××××
               签约地点：××××
               签约时间：××××年××月××日

[导读]

  这份协议对网上销售的有关双方各自责任都作了明确规定，特别是对产品供货方的产品质量、售后服务、定价方式作了保证性的规定，这就确保了网上销售的规范性，也确保了双方合作能够成功。协议中由谁开具销售凭证、各项费用由谁承担等相关事项也有明确规定。与合同相比较而言，协议书的条款内容涉及面广，表述的次序比较灵活。

知识准备

一、合同

（一）订立合同的原则、合同的种类

合同是平等主体的自然人、法人、其他组织之间，设立、变更、终止民事权利义务关系的协议。《中华人民共和国合同法》规定，订立合同必须"遵守法律法规，尊重社会公德"。只是符合当事人双方的意愿，但会损害国家利益和社会公共利益的合同是违法的，不具备法律效力的。订立合同的双方都享有平等的权利，双方的法律地位是平等的，不能以大欺小、以强凌弱。

合同一经签定，就具有法律效力，合同双方当事人必须严格遵守合同条款，认真履行合同，否则就按违约处理。

合同的种类很多，按《中华人民共和国合同法》的规定，有买卖合同、借款合同、租赁合同、承揽合同、建设工程合同、技术合同、委托合同等15种。

从文本形式看，有条款式合同、表格式合同、条款表格结合式合同。

(二) 合同的写作格式、写作方法

合同的格式分为三个部分：约首、约定条款、约尾。

1. 约首

约首主要包括标题、签约双方的名称或姓名、住所、合同编号、合同订立的地点日期。

标题是合同的名称，用以表明合同性质，如"建设工程合同""租赁合同"等。标题应写在第一行中间。签约双方名称要写全称，可称为供方和需方或甲方和乙方或买方和卖方。

2. 约定条款

约定条款包括引言和合同条款，这是合同的主要部分。引言部分主要是表明签订合同的依据和目的以及共同遵守合同条款的承诺，接着就分条款写出双方协定的合同内容。也就是写明双方议定的双方所承担的义务和应享受的权利，最后写明合同的有效期限、合同份数及保存者，以及合同附件。

3. 约尾

它是合同的签署，要写明签订合同的当事人名称或姓名、法人代表姓名、身份证号码，然后加盖单位公章，法人代表及委托代理人应签名盖章。写明单位地址、电话、开户银行、账号等，还要注明签约年月日。有些合同还要写明合同公证机关的名称，并加盖公章。

(三) 合同八项条款的写作内容和写作要求

按《中华人民共和国合同法》的规定，各种合同的具体条款内容由合同双方约定，一般应包括以下的八项条款，这八项合同条款的写作内容、写作方法和写作要求如下：

1. 当事人的名称或者姓名和住所

合同的当事人不能用笔名、化名，当事人不真实的合同不能被承认。因此，要如实地写明当事人双方各自的名称或者姓名和住所。为便于称说，当事人双方的名称或者姓名在合同中可以用甲方和乙方来代替。一般是将要约方称为甲方，将承诺方称为乙方。

2. 标的

标的是合同双方当事人权利和义务共同指向的对象，一般指货物、劳务、工程项目等。任何合同都必须有标的，没有标的或标的不明确，合同就不能履行。标的应写得明确、具体。商品货物的标的包括商品的名称、规格、型号或代号、牌号、商标等。

3. 数量

数量是标的的计量，是衡量标的的指标。没有一定的数量，权利和义务的大小就无法确定。因此，合同必须明确规定标的的数量、计量单位和计量方法。

数量可以用基本计量单位，如米、公斤、只等。大宗商品可以用万米、万吨、万只等。也可以用包装单位，如箱、包、袋等，但必须注明每个箱、包、袋内有多少基本计量单位。有些产品必要时应当在合同中写明交货数量的正负尾差、合理磅差、自然减量或增量的单位以及计算方法。例如，有些货物受自身特性或包装物等的限制，交货量难以很精确的完全符合合同所规定的数量，如矿砂、粮食、水果等。在此情况下，合同中可以规定一个"溢短装"条款，比如可以这样规定："交货时每包可以按合同规定的每包重量增减5%，超过或不足部分的价格仍按合同约定的价格计算。"

4. 质量

质量是标的的特征，反映作为标的的产品或者劳务的优劣程度，是标的内在质量和外观质量的综合指标。质量标准必须具体，有规定标准的，如国家标准、部颁标准、省市标准、行业标准，要按相关标准约定；没有规定标准的，则由当事人双方协商确定标准。技术要求、验收标准也应规定清楚，并封样备验。

5. 价款或者报酬

价款或者报酬是指取得对方的产品或劳务等成果所支付的代价。以实物为标的的叫"价款"，以劳务为标的的叫"报酬"，也叫"酬金"。价款或者报酬均以货币数量来表示。在有的合同中，既有价款又有报酬，如承揽合同，如果定作方提出项目、技术要求并请承揽方包工包料，即请承揽方代购原材料并进行加工，那么，就有代购材料的价款和加工的报酬，这些都需要在合同的条款中分别写清楚。

价款或者报酬条款，一般包括产品的价格组成、作价办法、作价标准、调价处理办法等。产品价格应按国家规定的价格及作价办法作价，国家没有规定价格的商品，当事人双方可以议价商定。

6. 履行期限、地点和方式

（1）期限。期限是指履行合同的时间要求，是享有标的的一方要求对方履行合同义务的时间规定，必须明确。例如：在买卖合同中，期限是指交付货物的时间；在建设工程合同中，是指完成劳务、交付工作成果的时间。除享有标的的一方要求对方如期完成合同标的外，提供标的的一方也要求对方按时付给价款或者报酬。

（2）地点。地点是指履行合同的具体地点，即交付、提取标的的地点。这是分清双方责任的重要依据之一。例如：建设工程合同的履行地点就是建设工程所在地。买卖合同的履行地点则取决于当事人双方约定的产品交货方式：如果是提货，那么提货地点就是履行地点；如果是代办托运，那么托运地点就是履行地点；如果是送货，那么接货地点就是履行地点。写作此条款时，必须写明交（提）货、付款、验收或服（劳）务等的具体地点，以便按约定地点履行合同。

（3）方式。方式是指采取什么方法来实现合同所规定的当事人双方的权利和义务。一般来说，履行方式包括标的的交付方式和价款或报酬的结算方式。当事人在订立合同时，必须明确一种具体的履行方式。

合同的履行期限可以是一次全部履行，也可以是分期履行。对付款时间及方式，当事人双方必须协商明确。是一次付款还是分期付款，应将具体时间写清楚；是现金兑现，还是采取托收承付或信用证、支票结算等，具体的方式也要写清楚，以避免债务纠纷。履行期限、地点、方式是合同中最容易引起纠纷的地方，因此当事人双方在签订合同时，对这三点规定得越具体越好。

7. 违约责任

违约责任是保证合同履行的条款。它是一种经济约束，是处理经济纠纷、分清是非责任的书面证据。违约责任应根据国家或有关部门的管理条例约定，也可由当事人双方议定。

违约，是指当事人不按合同规定的标的、数量、质量、时间、地点和方式履行合同义务的行为。那么依照违约责任的有关条款，违约的一方就应当承担法律责任。比如，果品买卖合同，合同的履行方式议定某月某日需方（甲方）到供货地点提货，结果需方逾期没有提货，是违约行为，要付给供方（乙方）违约金。果品腐烂，给乙方造成一定的经济损失，甲方还要付给乙方赔偿金。违约金和赔偿金的数额，由当事人双方签订合同时商定并写进合同条款。

8. 解决争议的方法

《中华人民共和国合同法》明确规定将"解决争议的方法"写进合同主要条款。合同纠纷产生的原因很复杂，有客观原因，也有主观原因。客观原因，如当事人一方由于受"不可抗力"的影响，比如遭遇地震、风暴、火灾、水灾等，不能按期履行合同；主观原因，如当事人一方有欺诈行为、经营不善等，导致合同不能如期履行。

为解决可能在合同履行过程中出现的上述问题，应将合同的变更、解除、争议仲裁在签订合同时商定清楚，明确写进条款中。当事人之间如果发生合同纠纷，首先是通过双方充分协商的办法解决，如果不能自行协商一致，可以通过非诉讼调解的办法解决，如果非诉讼调解不成，可以按照双方在合同中的约定向仲裁机构申请仲裁，或者依法直接向有管辖权的人民法院提起诉讼。

（四）合同在语言表达上的要求

合同的内容必须具体而明确，在语言表达上要做到以下几点：

1. 概念明确

合同中概念不清，往往是对事物限定不严。如某单位进口一台机器，合同上写的是"二手货"，由于"二手货"对机器的陈旧程度缺乏确切规定，结果对方送来的几乎是一堆废铁。

2. 量词准确

合同中量词运用要十分确切，应使用国际统一规定的计量单位。如某合同上写"先由买方运回一车，余下由卖方送货"，这里"一车"是多少吨或多少箱、多少件，应该写清楚。

3. 文字精准

签订合同要一丝不苟，用语准确严谨，防止漏洞。如果稍有疏忽就容易招致不必要的损失。如将"定金"写成"订金"，将"罚款"写成"发款"，都会引起合同意义的改变，在合同的执行过程中会产生纠纷。

二、服务合同

（一）服务合同的概念、种类

服务合同是以服务为标的的合同，也即按照约定，一方用自己所具有的特定的资源、技能、知识等来为另一方提供相应服务的合同。如旅游服务合同、家政服务合同、法律服务合同、婚庆服务合同、养老服务合同、物业服务合同、网络维护服务合同、保洁服务合同、咨询服务合同等。依约定获得服务并且支付服务费用的一方为被服务方，提供服务并且收取费用的一方为服务方。在我国《合同法》中并未将服务合同单独分列为一类合同，但由于社会服务的增多，第三产业的快速发展，服务业地位的上升，服务合同用得越来越多。

(二) 服务合同的写作方法、写作内容

服务合同属无名合同（我国《合同法》中明确规定的15类合同属有名合同），即我国《合同法》中尚未确定一定的名称与规则的合同。写作服务合同时，一要遵守《合同法》总则的各项规定，二要参照类似的有名合同的写作规则，并结合各种服务合同的经济目的及具体内容来订立各项条款，例如旅游合同，其中包含有运输合同、房屋租赁合同等有名合同的内容，就需要采用这些有名合同的写作规则来写作旅游服务合同。因此，服务合同的开头一般采取以下的写法："根据《中华人民共和国合同法》及其他有关法律法规的规定，甲、乙双方（或甲、乙、丙三方）本着平等、自愿、诚实守信的原则，经协商一致，签订本合同。"

服务合同的写作内容包括以下主要条款：服务的内容、服务费用、服务的标准和方法、履行的期限、履行的地点、履行的方式、违约责任、解决争议的方法、服务费用的结算方式、保密条款等。

(三) 签订、写作服务合同的注意事项

服务合同的签订写作应注意以下几点：

1. 服务合同订立前，被服务方应对服务方的法律地位、经营范围、资信状况以及近期业绩进行必要的考察，尤其要对对方的服务能力、服务资格及服务水平进行充分的了解，以免发生合同签订后服务达不到要求而耽误影响自己的事情，造成损失。

2. 对服务质量要约定明确的量化标准或评判标准，比如约定投诉低于多少数量、客户满意率达到多少百分比等。

3. 合同中要注意订立防范恶意履行的条款，如，不能按时履行、不按合同约定的标准履行、在服务过程中要求加价、只部分履行合同约定的服务项目、服务方将服务项目分包给不具备相应资质条件的单位或随意更换服务人员、合同未履行完毕就单方面终止、服务已经提供完毕但对方拒绝付款等。

4. 由于很多服务具有私人性质，服务标准具有个人特点，服务合同大都与被服务方人身有密切的利害关系，因此服务合同的内容应尽量写得明确、详尽，避免模糊、遗漏。比如旅游服务合同中，旅游时间（旅游的起止日期）、旅游地点、旅游景点个数及每天游玩景点的时间安排、旅游的食宿安排（餐费标准和酒店标准）、旅游交通工具、导游服务内容、旅游费用等都要具体到每个细节。

三、协议书

(一) 协议书的性质和应用范围

协议书是契约文书的一种，是签约双方（或多方）当事人就某一问题共同协商、取得一致意见后签订的凭证性文书。

虽然协议书与合同属同一类文体，性质、作用、写法、格式都与合同有相似之处，但两者也有明显差异。首先从内容上来看，协议书的内容不如合同那么具体，一般是原则性的条款,而不像合同的条款那样制订得具体详尽。再从应用上来看,协议书的应用领域比合同要广泛得多,如股份转让协议、房屋拆迁补偿协议等,可以用协议书的方式确定各种关系。最后从时效上来看,合同的有效时间是特定的、有期限的,一般较短。协议书的有效时间较长,有的甚至是永久性的,如赡养协议等。

(二)协议书的写作内容、写作方法

协议书在内容上一般要体现如下几点:1. 双方(或多方)出于什么目的、合作完成什么工作,在什么时间内进行合作(即协作的有效期限)。2. 为实现上述合作,双方(或多方)各自在什么条件下履行什么职责,承担什么义务,提供什么方便;双方(或多方)各自在什么条件下具有什么权力,获得什么利益。3. 在上述合作期间上述合作范围内,双方(或多方)各自出现什么问题时要承担什么责任。

协议书包括标题、正文与签署三个部分。

1. 标题

标题可以只用文种"协议书",也可以用"内容性质+文种"作标题,如"房屋拆迁补偿协议书"。

2. 正文

协议书的正文包括开头、主体和结尾三部分。

(1) 开头部分。写明协议各方的名称及其代表人的姓名、住址等项。

(2) 主体部分。包括签订协议书的目的和商定的具体内容。具体包括:合作的项目、合作的方式、双方的权利和义务、违约责任等。一般都是分条款列述。

(3) 结尾部分。主要包括本协议书的份数、保存人或单位、有效期限等。

3. 签署

在正文的下方,协议各方依次签名,如果是单位,要加盖公章,负责人签字。再另起一行写明达成本协议书的时间。为了统一明确生效时间,各方签字应在同一天进行,若因故各方代表无法在同一天签字,则应约定协议书的生效时间。如果有公证处公证,还需写上公证人的姓名,并加盖公证处公章。

 训练设计

训练点:	写作训练习题:
1. 强化和巩固理论知识的认知与记忆	练习题一
2. 合同标的条款、数量条款、质量条款的精准表述	练习题二
3. 价格报酬条款、履行期限地点方式条款的精准表述	练习题三
4. 违约责任条款、解决争议条款的精准表述	练习题四、五
5. 两人合作模拟买方和卖方写作产品购销合同	练习题六
6. 用所给材料写作校企协作协议书	练习题七

写作训练练习

一、填空题：

1. 合同条款一般包括_____、_____、_____、_____、_____、_____、_____、_____共八项。

2. 合同的格式包括_____、_____和_____三部分。

3. 协议书与合同有三点区别：一是_____，二是_____，三是_____。

二、下面标的物的表述、数量的规定、质量的规定等合同条款，在文字表述上都有不当之处（有的是需要附加说明而没有说明），请你逐一修改（或加以说明、回答），将修改后的正确表述写出来。

1. 某合同条款上写："甲方向乙方订购淀粉500千克，单价×元，总价×××元"，结果购货方到的货既不是豌豆淀粉，也不是土豆淀粉，而是红薯淀粉，供货方以次充好，购货方提出淀粉质量不好，双方发生纠纷。从以上表述来看，问题出在何处？

2. 某单位从国外某出口商进口原木，合同签订"木材直径30公分以上"，结果对方发来均为直径1米左右的大原木，我方港口三番五次卸不下来，最终卸下来又无法运走，只好在港口将原木锯开装运，成本增加三四倍。问：此例中进口商造成经济损失的原因何在？

3. 某公路局与某工程队签订修筑一段公路的承包合同，其中一条文规定："路侧挖排水沟一条，深1米，宽2米。"后工程队在路的左侧按要求完成排水沟一条，而公路局则要求在路右侧也要完成同样的排水沟一条。双方因此引起纠纷。问：合同中应该怎样写才能避免这种纠纷？

4. 建筑材料由乙方负责筹备（某建设工程合同中的一项条款）。

5. 卖方将尽可能地提供最好质量的TRS-03型系列设备。请指出该条款的不当之处。

三、以下"价格或者报酬""履行期限、地点和方式"的表述均有不当之处，请修改。

1. 合同双方利润三七开。
2. 先由甲方运回一车，余下的由乙方送货。
3. 该设备将在工作现场验收。
4. 甲方收到货后须及时汇付货款给乙方。
5. 该仪器将于2021年第3季度运抵中国港口，并同时附寄必要的工具和备件。
6. 供方到需方指定的地点交货。
7. 甲方在订立合同后先交一部分建造费，其余在西厂房建成后抓紧归还所欠部分。
8. 工期待乙方筹备就绪后立即开始，力争3月中旬开工，11月左右交付。
9. 福华旅游公司和安达汽车运输公司签订"包租车合同"，合同签订后，旅游公司按合同上写的"预付订金叁万元"条款付了"订金"。结果，汽车运输公司未履行合同，因此旅游公司向法院起诉，要求汽车运输公司双倍返还"订金"，合计6万元。但法院最终判定汽车运输公司退回"订金"3万元。

请你说明：案例中的合同条款有无表述不当？福华旅游公司没能得到应该得到的3万元赔偿费的原因是什么？

四、完成以下有关"违约责任"条款和"解决争议"条款的写作练习，修改表述不当的"违约责任"条款，将修改后的正确表述写出来。

1. 交货如果推迟一天，供方给付需方违约金××元。

2. 本工程应在3个月内完成，每提前一天验收合格，由甲方奖励乙方1%的工程费，每延迟一天验收合格，由乙方赔偿甲方1%工程费。

3. 需方使用供方提供的技术所生产出的产品，如经第三次验收仍不合格，将由双方友好协商解决。

4. 如果任何一方拖延完工或交货，他将受到罚款（此合同条文至少有两个问题：一是只讲了罚款而未明确罚款计算方法或金额；二是整个条文的语言表达也不够准确）。

5. 甲方要求乙方于2021年8月28日前完成全部加工构件。如不能按期完工，由乙方负完全责任。

6. 违约方须承担违约赔偿责任即支付违约金××万元。

7. 如果需方不按期到厂提货满一个月，由需方付堆积费、短途运输费等费用（一份化肥定购合同条款）。

8. 某公司与外商签订了一份合同，对解决争议作了如下规定："本合同双方如发生争议，仲裁解决"。

五、判断：

对的打√，错的打×。

1. { A. 合同中定金可以写成预付款。 （ ）
   B. 合同中定金不能写成预付款。 （ ）

2. { A. 支付预付款的一方不履行合同时对方可以不返还预付款。 （ ）
   B. 接受预付款的一方不履行合同时没有加倍返还的义务。 （ ）

六、两同学为一组，一人模拟为购买方，一人模拟为销售方，两人合作写作一份产品购销合同。

［写作要求］

1. 双方单位名称、产品名称、数量、质量、价款等必写的合同八项条款具体内容，均由两同学设计写出。合同标的物可以是电脑、运动用品、学习用品、日常生活用品等；

2. 合同条款的语言表述要准确严谨。

七、写一份协议书（任选以下一题）。

1. 某金融学校学生会与××劳动服务公司准备开展协作，内容涉及：社会实践活动、勤工助学等。请你拟写一份关于此内容的协议书。

2. 某财经学校按教学计划组织该校学生到某大型超市实习，实习工作岗位包括收银、导购、主管、服务员、上货员等。学生两人一组，分别以学校和超市的名义共同签订一份学生实习协议书。协议书的条款内容至少应包括以下几点：

（1）实习时间、实习人数、实习工作岗位。

（2）对实习学生的要求，如遵守超市工作规则、恪守职业道德等。

（3）学校支付给超市实习费用。

（4）超市在实习学生上岗前安排人员对学生进行指导。

项目七　广告词、产品说明书

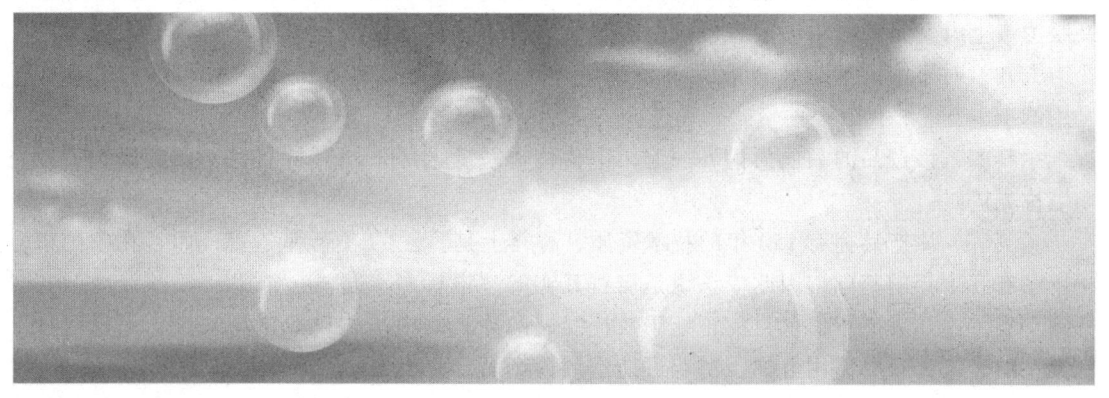

**学习目标**

熟悉广告创意的几个环节，学会写作有创意、语言生动的广告词，通过构思、写作广告词，培养创造能力和创新精神。掌握简约型产品说明书的写作方法。

例文导读

[例文一]

OTIS——世界电梯专家

上海东方明珠电视塔和巴黎埃菲尔铁塔、纽约洛克菲勒大厦、吉隆坡国家石油大厦等世界著名地标建筑一样，它们的动力核心拥有同一个名称：OTIS。作为世界电梯专家，OTIS 以 150 年的专业技术和卓越品质，为世界各地的建筑提供了无与伦比的电梯传输系统，与它们同脉动，共精彩。在中国，OTIS 数十年来为各行各业量身定做了安全耐用的电梯传输制造安装方案，从住宅、基础设施（地铁/机场），到商务大厦、购物中心，从酒店、医院，到大学、博物馆，无论是普通的两层小楼，还是地标性的摩天大楼，OTIS 均采用真材实料和先进的安全保护装置，让所有 OTIS 乘客都能享受无限惬意的承载之旅。

OTIS 电梯，世界地标建筑的选择。

[导读]

这篇电梯广告是从三个切入点来宣传产品的优势的。

其一，用东方明珠电视塔等一些世界有名的建筑都采用该产品作为实证，非常有说服力。上海又是现今中国最有影响的现代化大都市，其地标性建筑东方明珠电视塔又广为人知，对于中国这个建筑业大市场来说，这个样板是具有足够影响力和巨大带动作用的。

其二，该产品的品质为世界一流，电梯传输系统全部采用真材实料，安全保护装置堪称先进。

其三，该产品拥有 150 年的技术资质，称得上是真正的"老牌"货，而且在中国市场已有几十年的基础，因此应该说是名符其实的"电梯专家"。

有了这几大亮点，就目前正处于快速发展的庞大的中国建筑业市场来说，无论何种类型的建筑，只要需用电梯，都有可能选用该产品，此广告的效果不可能不好。

这是一篇理性诉求广告，就全篇整体来看，语言平实可信，但也不乏艺术的韵味与文化内涵。如"无与伦比""同脉动，共精彩""量身定做""享受无限惬意的承载之旅"等用语都鲜活精练。标题中"OTIS"既指奥迪斯（美国人，1854 年发明第一台安全电梯），又是电梯品牌名称，"电梯专家"这一比拟十分恰当。

[例文二]

电子体温计说明书

一、产品规格

品牌/型号：康卓/HRQ－F5B

类型：棒式玻璃温度计

感温部：热敏电阻

温度显示：3 位数字显示，精确到 ±0.1°C

外形尺寸：132mm（长）×19mm（宽）×10mm（高）

测量范围：32°C 到 43°C 或 89.6°F 到 109.4°F

电池寿命：AG3 或 SR41 扣式电池约为 200 小时

二、产品性能

本产品用于测量人体体温，能安全快速提供人体温度度数。

三、使用方法

1. 测量方式。

将开机后的电子体温计探头（感温部）置于口腔舌根下，可测得口腔温度；将开机后的电子体温计探头（感温部）置于腋窝中心处，可测得腋窝中心温度；在不能测试口腔和腋窝的情况下，将开机后的电子体温计探头（感温部）插入肛门，可测得直肠温度（也称肛温）。

2. 测量程序。

按一下ON/OFF键则关闭体温计。开机后显示检测，并会鸣叫一声，表示功能正常；大约过2~3秒后显示上次记录的温度，表示上次关机时所读取的温度值；约过2~3秒后显示（LO）和闪动的"°C（F°）"，表示此时开始可以测量温度。将探头放入待测温度处，紧压被测处皮肤，注意探头不可外露在空气中；约60秒后"°C（F°）"停止闪动，体温计会发出"嘀—嘀—"的提醒声音十次，此次读数窗口显示的度数即为此次检测到的身体温度，如不关机则十分钟后体温计自动关机。

3. 测量方法

测量舌下体温时，电子体温计应紧插于舌根部位，显示屏应朝上，否则不能保证测量的准确度；测量腋下体温时，电子体温计应紧贴感温部位；测量直肠体温时，电子体温计探头应缓慢轻轻插入肛门。为了得到准确的测温数据，测量时请始终保持一定的测温部位，体温计不要移动。

四、注意事项

1. 测量体温时温度读数会受很多因素影响而使测量结果有所偏差，如测量前体力劳动、饮用热饮或冷饮等。应在运动、洗澡或饮食30分钟后再测量体温。

2. 使用前应用酒精清洁体温计的感温部，测量肛温前应在体温计的感温部涂润滑剂凡士林，防止损伤肛门及直肠黏膜；使用后用干净的湿软布擦拭体温计。请勿将体温计的感温部浸入酒精中或试图用热水（水温超过50°C）消毒。电子体温计不可置于高温环境中，不可与腐蚀物品接触。

3. 请勿咬体温计，否则可能会导致体温计破碎而受伤。

4. 儿童在无人照管的情况下测量体温可能会受伤，请勿让儿童单独测量体温。

5. 3个月以上不使用体温计时请取出电池，否则可能会导致漏液、发热或爆裂而使体温计损坏。当电子体温计后方位置显示"□"时表示需要更换电池，电池采用AG3扣式电池或SR41银氧化电池。更换电池时，先拨开上部的电池盖，紧压下开关导皮再拨出机芯约2.5mm（拨出机芯不可超过3.5mm），用小瓶口螺丝刀移出电池。装入新电池，正极朝上，塞入机芯，小心地将电池盖合上。

五、使用期限

本产品的环保使用期限为10年。

[导读]

　　体温计属家庭常备用品，因此它的说明书应该写得简单明白、容易看懂。从文字要求上看，这篇说明书做到了。从写作内容上看，舌下、腋窝、肛门三种测量方式以及这三种测量方式的具体测量方法都讲到了，并说明了使用的注意事项，写作内容全面。体温计是用来测定人体是否发热生病，而又直接用到人的重要部位，因此说明书的重点是讲它的准确使用和安全使用，这篇说明书的重点很明确。从文章结构上看，说明书写作采用的是典型的并列式结构，说明书中的产品规格、产品性能、使用方法、注意事项、使用期限五个部分是并列关系。

 知识准备

一、广告词

（一）广告的创意

　　广告是一种以大众为传播对象的有意识、有目的的宣传方式。商业广告是广告主以赢利为目的，以付费的方式通过媒体向市场和消费者宣传介绍商品或劳务，以促使消费者采取购买行动的信息传播活动。商业广告可以广泛传递信息，指导消费者购买商品，引发购买欲望，从而促进商品的销售。广告还可以为企业创名牌，为新技术、新工艺、新产品的问世造舆论，为提高产品知名度和企业声誉服务。

　　创意，即广告制作者的创造性想法、构思。创意的依据是构思客户所要诉求的意愿和销售建议。广告的创意是广告宣传能否成功的关键，直接影响广告目标的实现。广告专家大卫·欧格威说："要吸引消费者的注意力，让他们来买你的产品，非要有很好的点子不可，不然它就像被黑夜吞噬的船只。"这里所谓的"点子"就是创意。

　　广告的创意主要包括以下几个环节：确定主题、广告定位、选择表现方式。

1. 确定主题

　　广告主题是商业广告要实现的目的和宣传重点，广告要取得成功，就必须鲜明、突出地表现广告的主题。主题的确定应综合考虑广告目标、信息个性（主要指产品的性能特点）、消费心理三个方面的因素。例如：一家公司推出纸尿裤，一开始着力宣传其使用方便的特点，但效果不佳。原因是母亲们虽承认纸尿裤方便，但怕被别人讥笑懒惰。后来该公司将广告改为宣传纸尿裤的优点是：吸水性好、柔软、有利于保护婴儿皮肤，结果一下打开了销路。这则广告主题在兼顾广告目标、信息个性因素的同时，注重消费心理的作用，因此获得成功。

2. 广告定位

　　广告定位总体说来是要明确：这个产品有何性质特点？产品是给哪些人用的？具体说来要考虑以下几点：

（1）突出产品特征。广告创意表现的对象是产品，广告创意首先要和产品的创意切合。一般可以从产品的产地、原料、加工、形状、性能、成分、构造、用途、用法、特点、档次等一系列方面考虑，根据消费者对某种产品属性的重视程度，给产品确定一定的市场地位。例如某品牌瓶装饮用天然水广告："我们不生产水，我们只是大自然的搬运工"，突出了产品原料的天然品质。再如某品牌照相机的广告："你只需按一下按钮，其余的事由我来负责"，突出了产品操作简便的特点。

（2）明确宣传对象。广告作品是给最终使用者看的，因此，制作广告时，就必须明确广告的目标或对象，即要明确广告要做给什么人看或用于哪一个市场层面。

（3）揣摩消费心理。任何广告，只有使消费者由注意继而发生兴趣，产生购买欲望，促成购买行动，才算达到了预定目的。因此有人说："能够引起人们的注意，广告就成功了一半。"这就要求广告宣传必须考虑消费者的心理因素，准确揣摩消费者的心理。广告是写给大众看的，但着眼点是具体的一个人，以个人为对象，设想就能更具体，语言也会显得更亲切，更能激发消费者的购买欲望。随着经济的快速发展和广告传播文化语境的改变，广告开始改变视点，强调从消费者的利益及感受出发来寻找广告诉求点及表现方式，强调与消费者产生心灵共鸣，只有这样的广告才能赢得消费者。

3. 选择表现方式

广告主题、广告定位确立之后，就要设法将创意表现出来，选择合适的表现方式。广告创意有两种表现方式：

（1）理性诉求。理性诉求广告又称作客观报道式广告、说明广告、理由广告。这种广告宣传主要是针对消费者的理智进行诉求，"喻之以理"来促成人们的购买行动。这种表现方式是用客观、平实的语言介绍商品的名称、用途、规格、价目等情况，常以试验结果和专家的鉴定、产品获奖情况以及事实、数据等来证明产品优良，无夸饰之词，使人感到真实可信。

（2）情绪诉求。情绪诉求广告又叫情感性广告、兴趣广告、暗示广告。它侧重于商品和人的关系，针对消费者的感觉进行诉求。通过情感诉求"动之以情"，来激发消费者潜在的购买欲望。这类广告具有诱惑力和暗示性，通常用于日常生活消费品如食品、服装、化妆品等。如惠普 Scanjet 4470c 智能扫描仪的广告：终于可以彻底地整理压在箱底的所有老照片了！瞧！聪慧过人的惠普 scanjet 4470c 智能扫描仪，一键扫描，一键上网，轻轻松松把我的照片直接挂到网页上，连千里之外的至爱亲朋也能随时和我分享美妙时刻……回忆，就这样一键永驻！

广告写作中上述两种表现方式往往并用，互为补充，依据实际需要而各有侧重。

（二）广告词的写作方法

现代广告传播媒介不断发展，表现手段丰富多样，但不论运用何种手段，都少不了文字说明的内容，这就是广告词，也称为广告文稿。它可以是一篇短文，也可以是几句话或是一个语句。广告词是广告的核心。广告词不是通常意义的"词"，它是一种特殊形式的应用文，有它自己的写作特点和写作要求。

广告词一般由标题、正文和广告标语三部分组成。

1. 标题

标题是广告主题和基本内容的集中体现。标题在广告中起着点明主题、引起兴趣、诱读正文、加深印象的作用。许多读者观众都是首先看一眼标题，然后再选择是否看下去。所以标题必须醒目，能引起人们的注意和兴趣，同时还要让人不加思索便能看出是否与自己有关。

制作标题要简洁精练，新颖生动，使人过目不忘。例如华力电蚊香的广告标题"默默无'蚊'的奉献"就是写得很好的标题。

2. 正文

广告词的内容主要通过正文来体现。正文向消费者提供商品信息的细节。正文的写作应做到重点突出，简明易懂，生动有趣。正文中应说明的项目主要有：商品的名称、性能、特点、质量、用途等。

正文一般由三部分组成。

（1）引子。引子紧承标题作出简短的解释说明。引子也可直接设问，然后作答。例如，一则标题为"××市混凝土厂向您提供新型建筑材料钢纤维"的广告，引子紧扣标题写道："您想使高速公路平坦无隙，通行无阻吗？您想使繁忙的港口码头千年永固吗？请选用新型建筑材料——钢纤维。"有的广告词也可不写引言，特别是篇幅很短的广告词。

（2）中心段。中心段以确凿的事实和根据讲明商品的特点和优势，强调产品独特的功能和效果。文字长短应根据产品信息的复杂程度和媒体承载的要求而定。

（3）结尾。结尾部分是为便利消费者或用户选购所作的销售服务方面的说明，内容主要包括优惠条件、价格种类、订购方法、服务担保等。有的广告词在正文结尾时用简短明快且富有寓意的语句敦促人们采取购买行动，强化广告效果。如云南白药牙膏广告的结尾："让健康的口腔享受生活的快乐！"

3. 广告标语

广告标语又称广告口号，是在广告宣传中反复使用、能鲜明体现产品特征的简短的商业广告语，是企业产品的形象化身和语言标志。广告标语是现代广告中的重要元素，有利于强化人们对企业信誉和商品优良品质的记忆。成功的广告标语能成为家喻户晓的口头语，达到广为传播的目的。

广告标语的写作要求是：简单易记、朗朗上口、突出特点、有号召力。例如："好空调，格力造""华润漆，漆业真专家"都是写得好的广告标语。

广告词还附有随文，随文是为方便消费者购买和与经销部门联系的附随在广告词之后的文字，包括：销售或服务的方式、经销单位或服务部门的名称、地址、邮编、电话号码、网址、联系人、售后服务措施等。

二、产品说明书

（一）产品说明书的重要性、产品说明书的种类

产品说明书是生产商或销售商向用户介绍其生产销售的产品的用途、性能、特点、构造原理、规格、使用方法、维修方法的说明性应用文。它既是用户安装、使用、保养、维修产品的指导性文书，又是提供商品信息传播科技知识的文字材料，也可以起到促进销售、扩大

销售的作用。认真负责地写作产品说明书，是生产商销售商销售产品必须完成的一项工作，是厂家、商家"对用户负责"这一经营理念的体现。

产品说明书因产品而异分为简约型产品说明书和完整型产品说明书。

1. 简约型产品说明书

简约型产品说明书一般只介绍产品的用途、性能、使用方法和注意事项，篇幅简短，产品的有关信息内容（如规格、技术指标等）不需要介绍得很详尽。

2. 完整型产品说明书

完整型产品说明书的内容全面、结构完整且篇幅较长，有的还要制作成小册子，设计出有特色的封面并在内页印有实物照片。这种产品说明书的写作内容主要包括：①概述：介绍产品的原理、性能、特点、使用范围、声誉等。②主要技术指标：列出产品的多项性能指标、工作条件的数据范围等。③工作原理和结构特点：以图文结合的形式标注产品的设计原理、线路和部件名称等。④使用方法：逐条列出操作步骤、操作要领和注意事项，有的还要说明产品的安装、调试方法。⑤维护保养和故障排除的方法。

（二）产品说明书应包含的说明事项、写作方法

一份产品说明书包括标题、正文、结尾三个部分。

1. 标题

完整的标题由产品的商标、型号、货名加文种名称"说明书"构成，如"华力牌杀虫气雾剂（B型）产品使用说明书"。

2. 正文

产品说明书多用条文形式逐条说明。产品说明书应包含的说明事项有：概述、技术指标、工作原理和结构特点、用途、使用方法、注意事项等。正文写作内容可视产品性质适当增减，大众化的商品只要说明用途、时效、使用方法等基本内容即可。关系到生命财产安全、操作使用复杂、有特殊要求的商品和大型的新产品则要写得详细齐全。家电产品说明书应按照国家质监总局发布的《家用和类似用途电器的安全使用年限和再生利用通则》的规定，写明安全使用期限，以避免因超期使用而产生耗电量大、噪音大以及安全隐患等问题。

不同类型产品的说明书写作内容各有侧重，如纺织品侧重在说明织物成分与使用注意事项，机械设备侧重于说明产品型号。

3. 结尾

写明生产厂家名称、地址、邮编、电话、网址等，便于查找和联系。

（三）产品说明书的用语要求

产品说明书应从方便用户阅读理解的角度来写作，做到用语规范严谨，文字简明通顺易懂，说明事项内容完整、表述条理性强，便于用户照说明书安装、使用、维修。产品说明书中应尽量少用专业性术语，必须用时做到文字通俗化。

 训练设计

训练点：　　　　　　　　　　　　　　写作训练习题：

1. 强化和巩固理论知识的认知与记忆　　练习题一
2. 用所给材料借鉴实例写广告词　　　　练习题二、三
3. 产品说明书错例辨析改正　　　　　　练习题四、五
4. 以日常用品为题材写作产品说明书　　练习题六

写作训练练习

一、填空题：

1. 广告主题的确定应综合考虑＿＿＿＿＿、＿＿＿＿＿、＿＿＿＿＿三个方面的因素。

2. 广告定位要考虑以下几点：

（1）＿＿＿＿＿　　（2）＿＿＿＿＿　　（3）＿＿＿＿＿

3. 广告创意有两种表现方式，一是＿＿＿诉求，＿＿＿＿，来促成人们的购买行动。二是＿＿＿诉求，＿＿＿＿，来激发消费者潜在的购买欲望。

4. 产品说明书是介绍产品的＿＿＿＿、＿＿＿＿、＿＿＿＿、＿＿＿＿、＿＿＿＿、＿＿＿＿、＿＿＿＿的说明性应用文。

5. 产品说明书因产品而异分为＿＿＿＿型产品说明书和＿＿＿＿型产品说明书。

二、学习借鉴参考例文，用所给的材料写广告词。

[写作材料]

某电子设备厂生产一种自动报警器，该产品是一种依托互联网，集远程监控、录像、录音、监听、动态侦测、图像抓拍、报警于一体的智能安防系统，具有防破坏性能，报警准确率为100％，适合单位、私人住宅以及公共场所安装使用。

请你学习借鉴参考例文采用的拟人修辞方法和比喻修辞方法，为这个自动报警器写一个生动形象的广告词。广告词的标题要简短醒目，要能体现此产品的性能和特点。广告正文还可采用其他修辞方法。200字左右。

[写作参考实例一]

防盗新武器

我是盗情自动报警器，来自环力特种电器厂。我是一名不知疲倦为何物的超级警卫。我依托互联网，集监控、摄像、监听、图像抓拍、报警、回放、远程监控于一身。无论你在何方，你的居室安全尽收眼底。只要有我在，小偷休想拿走一件东西。我跟警察很熟，报警是我的绝活，从来不会失误。

像我这样有安全感的人难道你不喜欢吗？赶快带我到你家！

[写作参考实例二]

"养儿"防老

认养保险单当儿子，每月2000元，养他20年。

保证孝顺，让你老而无忧！

三、先用以下的材料写一个推销球鞋的广告，并为这种球鞋设计一个品牌名称。然后自选你所熟悉或感兴趣的一种商品（学习、生活等方面的用品均可），独立制作一篇广告词。

[写作材料]

某制鞋公司生产出一种篮球鞋，此鞋的材质及特点如下：

1. 七层不同材料构成的鞋底，弹性非常好。交叉缝式鞋底沟纹增加摩擦力。鞋底有特殊功能的圆形吸盘，适应动作的急遽变化。

2. 皮面穿孔透气，保持鞋内脚部舒适。

[写作方法提示]

此鞋因其优良的材质和独特的构造特点，很适合完成篮球运动的冲刺、急停、转身、跳投四个动作。广告词的重点是要具体写出此鞋适合这四个动作的四种功能，要点明材质优良对篮球运动的益处。

[写作参考实例]

飞跃牌超级篮球鞋

飞跃牌皮面超级篮球鞋，它有独创交叉缝式鞋底沟纹，冲刺、急停时不会滑倒；它有七层不同的材料砌成的鞋底，弹性好，能缓解与地面的撞击；它有特殊功能的圆形吸盘，可密切配合急停，转身跳投；它有弯曲自如的鞋头和穿孔透气的鞋面，能避免脚趾摩擦挤压，保持剧烈运动状态下鞋内脚部温度、湿度正常舒适，久穿不会疲劳难受。

穿上飞跃鞋，无往而不胜！有我飞跃鞋，媲美NBA！

四、选择题：

下面是"××牌饮水机使用说明书"中"维护保养"这一项的具体内容，表述顺序正确的一项是_____。

A. 1－5－6－2－3－4－7　　　　　　B. 1－2－3－5－6－4－7

1. 切断饮水机电源，取下水桶，放掉饮水机内的剩余水。尤其要打开饮水机背后的排污管，将余水彻底排净。

2. 将专用消毒剂溶解到水中，充盈饮水机腔体，留置10~15分钟。

3. 打开饮水机的所有开关，包括排污管和饮水开关，排净消毒液。

4. 用清水连续冲洗饮水机整个腔体，打开所有开关排净冲洗水。

5. 用中性清洁剂清洗机体表面和托盘等部件。

6. 用镊子夹住酒精棉球，仔细擦洗饮水机内胆和盖子的内外侧，除去水垢。

7. 放水，直至没有氯气味道，然后即可使用饮水机饮水。

五、下面这个产品说明书中，各项内容（性能功用、使用方法、注意事项）的具体条款的表述次序是否合理恰当，如果不恰当，请予以改正。

白猫牌喷洁净使用说明书

性能功用：

1. 用本品喷湿污垢后，投入洗衣机洗涤，无需搓刷，不损衣物。
2. 本品亦适用于去除油、牛奶、饮料和水果汁等多种特殊污垢。
3. 本品具有极强的渗透、去污效能，是去除衣领、袖口等处污垢的特效喷剂，洗后能使衣物格外光洁。

使用方法：

1. 顽固渍垢喷湿后，适当延长放置时间，洗涤效果更佳。
2. 洗涤前（衣服未湿时），先用白猫喷洁净把衣服污垢处喷湿，等待几分钟后，再将衣物投入洗衣粉溶液中进行洗涤。

注意事项：

1. 本品易燃，勿近火使用，宜存放阴凉处。
2. 如意外喷及眼睛，应立即用水冲洗。
3. 勿将衣物浸湿后使用。

六、下面是爱华牌电饭锅的使用说明书，请你将"使用方法"（煮米饭）和"注意事项"这两部分内容写出来。

爱华牌电饭锅使用说明书

一、用途

SYL系列爱华牌保温式自动电饭锅款式新颖，外形美观，安全可靠，它具有热效率高、双层保温效果好等特点，除煮饭外，也可以蒸馒头，做汤和煮稀饭，是餐馆和家庭的理想炊具。

二、主要技术参数及使用性能指标

额定电压：220V　　　额定频率：50Hz

额定功率：参见SYL系列电饭锅产品规格表

限温温度：(T+4.5+0.5)℃（T等于当地沸点温度）

保温温度：60℃~80℃

三、使用方法：

1. _____
2. _____
3. _____
4. _____

5. _____

四、注意事项

1. _____
2. _____
3. _____
4. _____
5. _____
6. _____

五、常见故障的判别与维修（略）

六、保修范围

本产品实行"三包"：自购买日起一年内，因产品质量影响使用的，凭发票和保修卡可免费修理。因使用不当（包括内锅使用不当造成锅底变形而引起其他故障）或保养不善而损坏的不属于"三包"范围，但可以到我厂下设的维修部修理，修理费、材料费由顾客负担。

项目八 市场调查报告

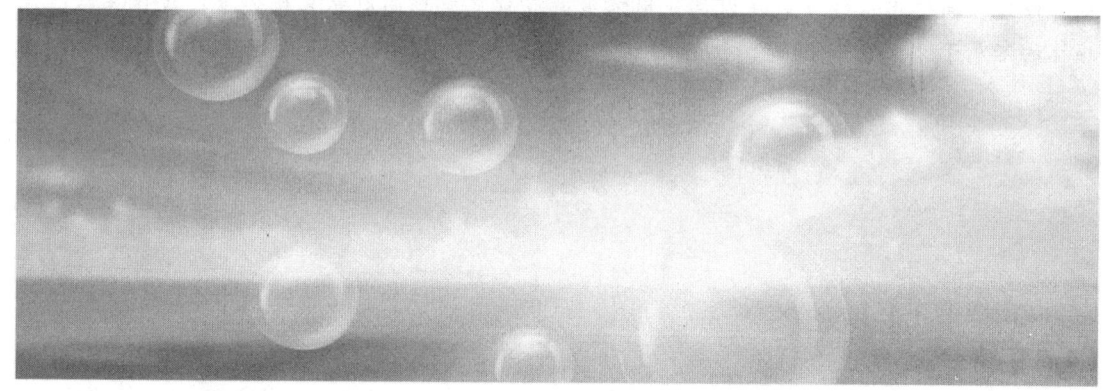

 **学习目标**

熟悉市场调查报告的写作程式:概述调查的目的、方法、质量——表述调查结果——结果分析——做出结论与对策;掌握市场调查报告的写作方法;学会写调查提纲。

例文导读

[例文]

××省旅游客源市场调查报告

为了准确地获取客源市场信息和相关资料，为制订下一步旅游市场开发计划提供依据，我们对××省旅游客源市场进行了调查，采用了问卷调查辅以访谈的方法，从2018年9月下旬至2018年12月中旬，对景区游客进行了为期3个月的调查。

一、调查方法

(一) 调查的运作

为了提高调查的科学性和问卷合格率，我们采取了分景区、分时段和分小组的形式，以同一问卷、在同一时间、用同一方法在四大景区闸口前广场进行随机抽样调查。在调查样本的选择上，对于旅游团队，我们在10人中选取1位客人代表；对于散客，我们把一个家庭、一群同伴视为一个调查单位，一个调查单位选取一位客人代表，以此原则进行实地随机抽样，以保证样本具有广泛的代表性。在问卷的填写上，我们采取以游客代表自主填写问卷、调查人员作指导的方式，请游客现场填写，以保证每份调查问卷所提供的调查数据的独立性和可比性。

(二) 调查的质量

调查人员是××学校09级旅游管理专业的学生，该调查是结合《旅游景区管理》课程的教学内容进行的。调查前调查人员接受了统一的培训。调查人员对这次调查的目的、意义、内容、指标解释和调查程序有明确的认识。在调查现场，调查人员分工明确且相互配合，小组长认真督促，教师现场加强指导。对收回的调查问卷，教师在课堂上组织学生进行了统一核对和交叉复核，从而把握每个环节的质量。

二、调查结果

(一) 调查的样本量

这次调查发出采样问卷1462份，采样问卷全部收回，收回率为100%。其中有效问卷为1437份，无效问卷为25份，分别占采样总数的98%和2%。

(二) 游客的区域分布

1. 境内外分布：从有效问卷的统计看，国内内地游客1324人，港澳台地区游客102人，国外游客11人，分别占有效问卷调查数的92%、7%和1%。

2. 国内内地各地区分布：华东地区649人，华中地区264人，华南地区157人，西南地区77人，华北地区72人，西北地区54人，东北地区51人，分别占有效问卷数的49%、20%、12%、6%、5%、4%和4%，共计1324人。这次调查取得的样本涵盖了内地各省，根据各省样本量的多少排序列出下表：

序 号	分布省/区	调查人数	百分比
1	××	611	46.15
2	湖北	72	5.45
3	江西	71	5.37
4	湖南	62	4.68
—	—	—	—
—	—	—	—
27	青海	1	
28	西藏	1	
合 计		1324	100

3. 港澳台地区分布：香港 79 人，澳门 12 人，台湾 11 人，分别占港澳台地区有效问卷数的 77%、12% 和 11%。

4. 国外分布：东亚地区 2 人，东南亚地区 6 人，北美地区 2 人，欧洲地区 1 人，分别占国外有效问卷数的 18%、55%、18% 和 9%。

5. ××省内分布：××地区 335 人，××地区 158 人，××地区 88 人，××地区 30 人，分别占省内有效问卷数的 55%、26%、14% 和 5%。

(三) 国内游客的层次结构

1. 性别结构：男 797 人，女 527 人，分别占有效调查问卷的 60% 和 40%。

2. 年龄结构：(略)

3. 职业结构：工人/打工者 176 人，政府工作人员 131 人，企业营销人员 100 人，教师 107 人，学生 99 人，待业/下岗人员 61 人，个体户 44 人，医务工作者 52 人，工程技术人员 45 人，退休人员 126 人，农民 23 人，军人 8 人，文艺工作者 13 人，……未答 17 人，分别占有效调查问卷的 13%、10%……。

4. 月均收入水平结构：(略)。

(四) 国内游客的出游选择

1. 获取景区信息渠道：电视 479 人，报纸 327 人，广告 378 人，朋友或同事 627 人，其他 175 人，分别占调查信息渠道的 22%、15%……，统计表明具有双重信息渠道的游客占 65%。

2. 出游方式的选择：随旅行团 109 人，随同事 278 人，随朋友 435 人，随家人 329 人，独自一人 164 人，未答 9 人，分别占有效调查游客的 8%、21%……。

3. 游客所乘的交通工具结构：(略)。

4. 出游的兴趣取向：自然风景名胜区 519 人，历史文化名胜区 569 人，现代人造景区 89 人，城市大商场 84 人，市区娱乐城 63 人，分别占调查游客的 39%、43%……。

5. 出游考虑因素：费用 272 人，交通 243 人，时间 239 人，安全 194 人，个人兴趣 129 人，景点吸引力 129 人，天气 23 人，住宿条件 18 人，服务质量 18 人，环境状况 17 人，其他 42 人，分别占调查游客的 21%、18%……。

6. 通常每年外出旅游度假次数：（略）。
7. 最喜欢去旅游的国内城市：（略）。

三、结果分析

基于上述结果，××省客源市场主要表现出以下六个方面基本特征：

第一，从地域空间分布看，具有明显的区域性，这种区域性在空间距离上表现为长距离旅游以国内客源为主，短距离旅游以地方性客源为主。调查表明国内客源占92%，××省省内客源占国内客源的46%。

第二，从客源区域集聚度看，对交通运输方式具有较强的依赖性，这种依赖性表现为对铁路枢纽干线和高速公路干线可通达性的依赖。××的客源中沿京沪铁路线分布的占63%，沿京九铁路线分布的占70%，沿××高速公路线分布的占××省内的81%。

第三，从旅游主题公园市场的吸引力波及范围看，与城市的辐射力具有较高的关联性，这种关联性表现为城市国民经济发展水平和城市人口增长形态。

第四，从游客层次结构看，具有年龄层次年轻化、收入水平中档化的趋势。调查客源中19~45岁的占82%，1000~3000元/月收入的占77%。

第五，从信息传播渠道有效度看，游客更重视口碑，同时注重多重信息渠道的互证和信息强化。调查表明，游客从朋友或者同事处获得××××四大景区信息的占29%，具有双重信息渠道的占65%。

第六，从游客出游选择偏好看，具有明显的趋同性。这种趋同性表现为出游兴趣偏好传统型景区、每年出游频率和强度偏高、出游方式偏向自助式；量化分析表明游客对自然风景名胜区和历史文化名胜区的兴趣偏好为82%、对现代人造景区的兴趣偏好仅为7%；××××游客中每年出游两次以上的占55%，每年出游花费在1000~5000元的占57%，5000元以上的占18%，两者之和为75%；出游方式选择上，随团旅游的仅占8%，自助式旅游的占91%。

四、对策建议

我们结合对调查结果的定量分析，从市场营销创新的角度，针对××省旅游客源市场特点，对××省旅游市场开发提出四点对策建议。

1. 经营理念创新——由"产品发展导向"转向"市场开发导向"；
2. 经营组织创新——由"单体分散经营"转向"集团规模经营"；
3. 经营质量创新——由"粗放型经营"转向"精致型经营"；
4. 经营战略创新——由"营造卖点轰动效应"转向"实施可持续发展战略效应"。

××××旅游公司
2019年×月×日

[导读]

这篇市场调查报告开头简短明确地写明调查目的，同时点明了调查的中心内容——××省的旅游客源市场。开篇写明了调查的对象是景区游客，调查的地点是四大景区闸口前的广场。还提到了调查方法"采用问卷调查辅以访谈",不过这只是从介绍调查概况的角度点一下,下文第一部分才是调查方法的实质性介绍,写明了具体的调查方式是"随机抽样调查""游客代表自主填写问卷、调查人员作指导"。其中"调查的质量"一段是讲调查人员是如何具体进行调查的,调查人的身份、调查工作的程序、调查工作的态度都向读者介绍了,这就增加了调查结果的可信度。把这段话放在"调查方法"这个标题之下写是恰当的,因为这段话实际上是对调查方法更深入一层的注解。

第二部分写"调查结果",主要写了游客的"区域分布""层次结构""出游选择"三大项内容。大项及小项都分列得很清楚,调查的内容反映得既全面又有条理,这种分条列项分门别类的写法,非常适合这个调查报告的中心内容(旅游客源市场)的特点,有利于主旨的表达。

第三部分写"结果分析",从"调查研究"的角度看这是作者归纳提炼"调查结果"的结晶,也是整个调查报告的写作难点。从文章结构的角度看,"结果分析"是由"调查结果"到"对策建议"的过渡,从调查报告的写作内容来看,它是写作最后一部分(第四部分)"对策建议"的前提,"对策建议"是"研究"的最终落脚点。

知识准备

一、市场调查报告的用途和种类

(一)市场调查报告的用途

调查报告是对某个问题、某个事件或某方面情况调查研究之后,反映调查研究成果的书面报告。它是研究新情况、处理问题、制定政策的重要依据。

市场调查报告是在以市场为对象的调查研究活动之后,反映调查研究成果而写出的书面报告。每一项经营决策都离不开市场调查,市场调查是经营决策全过程中的一个有机组成部分。企业和经济管理部门若能根据市场调查报告所提供的信息及时采取有效措施,调整经营方向和经营策略,就可以提高经济效益,使经济活动处于良性的发展状态。

(二)市场调查报告的种类

按市场调查的内容,可以把市场调查报告分为以下几种:

1. 有关产品情况的市场调查报告

这类市场调查报告主要反映:消费者对某种产品的质量、性能、价格、交货期限、技术服务等方面的评价、意见和要求;产品在市场上的地位和占有比率;产品的外观、方便性、耐用性和安全性如何,品牌和商标效果如何等。

2. 有关消费者情况的市场调查报告

这类市场调查报告主要是反映消费者的购买心理变化及其原因;反映消费者对象、数量、分布地区和经济状况；消费者的购买动机、购买次数、购买数量、购买习惯、购买时间和购买地点等。

3. 有关销售情况的市场调查报告

这类市场调查报告主要反映产品的供求比例、销售能力和销售状况，影响销售的因素，现有的销售渠道是否合理，如何扩大销路，减少中间环节等。

二、市场调查报告的写作方法

（一）市场调查报告的写作方法

市场调查报告的写作方法如下：

1. 标题

标题有两种写法，一种是单行标题，如"海尔冰箱在成都市场销售情况的调查"；一种是双行标题，正标题点明主旨，副标题概括调查内容。如："泥巴换外汇——陶瓷产品出口情况调查"。

2. 正文

正文按以下顺序分三部分写：

（1）前言。写明调查的目的、调查的项目（即要调查市场的哪一项内容）、调查的对象（向谁调查）、调查的时间、地点、方法等基本情况。以上内容只作简短的介绍，不需要详细说明。

（2）表述调查结果。这是市场调查报告主要的写作内容，写通过调查得到的事实及数据。具体写法是将调查获取的统计资料、数据分门别类加上序码（序码可有几层，如一、二、三、四……，1、2、3、4……等）一一列述，详尽、直接地反映调查结果。表述时归类、列项要合理，必要时可适当采用表格来辅助文字表述。

（3）结论与对策。运用科学的分析方法对调查结果作出分析判断，作出结论。市场调查报告的主旨在这一部分要明白地写出来。紧接着得出的结论，根据市场的发展趋势提出相应的对策意见。这些对策意见或建议，是针对市场调查中发现的各种矛盾、各种因素提出的措施和办法，可以为企业的管理者制定决策提供依据和帮助，这是市场调查的最终目的，也是市场调查报告的价值所在。

（二）调查提纲的写作方法

为了避免市场调查的盲目性和随意性，调查人在调查之前应拟好调查提纲。调查提纲事先可送交给被调查者，便于他们事先作准备，有利于调查工作的顺利进行。

调查提纲一般包括三方面的内容：一是调查什么，这也就是要确定调查的内容，明确这次下去调查为了解决什么问题；二是向谁调查，即确定被调查人；三是怎样调查，这是说要事先确定调查的方法。

调查提纲的重点是写好第一点："调查什么"。因此，在被调查人和调查方法都十分明确的情况下，调查提纲也可只就"调查什么"列出详细的调查项目，然后在每个调查项目之下再写出需要向被调查人提出的问题。

 训练设计

训练点:　　　　　　　　　　　　　　　　写作训练习题:

1. 强化和巩固理论知识的认知与记忆　　　练习题一、二、三
2. 按规定的写作步骤和写作方法提示从校园
   生活取材写作调查报告　　　　　　　　练习题四
3. 学习借鉴"调查提纲"实例的写作方法　　练习题五
4. 实地进行市场调查之后以调查小组为单位
   分工合作写作市场调查报告　　　　　　练习题六

写作训练练习

一、判断下列说法的对错，对的打√，错的打×。

1. 市场调查报告在表述调查结果时，要求形象生动、情节完整、富于感染力。（　　）
2. 市场调查报告要做到观点鲜明、以理服人，这就要通过组织论据详细论证来阐明观点。（　　）
3. 市场调查报告是从确凿的事实和充分的统计数据资料中自然地得出结论，而不需详细的论证过程。（　　）
4. 市场调查报告反映的情况仅限于本单位，主要是自我认识，自我教育。（　　）

二、选择题：

从调查之前的准备到报告成文这一过程，要按照一定的顺序经历几个阶段，下面讲的几种顺序及说法只有一项是正确的，正确的是(　　)。

A. 带着问题→编写调查提纲→深入现场实际→获取材料→得出调查结论→安排文章结构→撰稿成文

B. 带着观点→编写调查提纲→深入现场实际→获取材料→得出调查结论→安排文章结构→撰稿成文

C. 带着问题→编写调查提纲→深入现场实际→获取材料→安排文章结构→得出调查结论→撰稿成文

三、填空题：

调查提纲一般包括三方面的写作内容：1. _____；2. _____；3. _____。

四、按以下步骤和写作方法提示，对全班同学使用手机的情况进行一次调查，写出调查报告，800~1000字。

[写作步骤一]

由本班学习委员负责组织一个调查小组，对全班同学课余时间（包括星期六、星期天）手机使用情况进行一次调查。调查小组由三位同学组成，学习委员担任组长，另两名成员由学习委员指定。调查小组设计出"课余手机使用情况调查问卷"发给每个同学，并要求他们在规定时间将填写完的问卷交回。

[写作步骤二]

调查小组收回问卷后，对问卷提供的情况、数据进行综合汇总，从两个方面（使用手机得到的益处、存在的问题）将调查结果归纳出几点。然后对"使用手机存在的问题"进行分析，提出解决这些问题的建议。

[写作步骤三]

由学习委员执笔写出调查报告的初稿。

[写作步骤四]

初稿写出后调查小组的两位同学再提出补充和修改意见，然后由学习委员写出正式的调查报告，经老师批改后在教室里张贴出来供全班同学阅读。

[写作方法提示]

调查报告的写作方法与市场调查报告的写法基本相同，只是调查报告的主体部分是采用对调查得到的事实（即调查结果）作文字叙述，数字引用较少。从文章结构上看，采用总分式结构，以"前言"为总，然后将调查结果分为几个部分表述，这几个部分可以加上序码一、二、三、四……，也可不加序码而是加上小标题，但不需像市场调查报告那样将调查结果细分条目列出数据详尽表述。

五、下面是某中职学校会计专业班一个调查小组写的调查提纲，可用作进行市场调查之前编写调查提纲时学习参考。请阅读调查提纲之后回答问题。

调 查 提 纲

一、生产、产品

1. 您公司的主要产品有哪些？年产量是多少？产值是多少？

2. 产品质量如何？是否通过 ISO9002 质量认证体系？产品品牌在国内（国际）同类产品中地位如何？

3. 您公司的生产技术（或生产线）在同行业中先进程度如何？生产规模有多大？目前是否达到技术设备的额定生产规模？能否参观一下生产线？

二、市场营销

1. 您公司的产品在同行业中所占的市场份额（市场占有率百分比）是多少？近期（2~3年）目标（市场占有率百分比）是多少？

2. 采取何种营销方式、营销渠道？（如：以销定产、对口生产、为定点厂家生产等）有哪些主要销售网点？采取哪些方式促销？

三、企业发展方向

1. 公司的股份制是什么时候建立的？是不是上市公司？（如不是，有无上市的计划？）股份制的建立（或改建）给企业带来哪些益处？

2. 对员工采用何种管理方式？近几年企业的经济效益如何？采取何种收入分配方式？

3. 您公司近几年是否有产品研发计划？近期是否有新产品问世？

4. 您公司目前除主营生物制品外有无其他产业项目？是否有进军其他产业项目（如信息产业、房地产等）的计划？有无与其他企业合作发展的计划？

5. 您公司近几年接纳了多少大中专毕业生？是否愿意接收应届大中专毕业生？是否欢迎我们加盟贵公司的队伍？你们对所需的大中专毕业生有什么具体要求？招聘员工的人才标准是什么？员工的薪酬待遇如何？

四、会计核算

1. 您公司的财务部门采用何种建制？请介绍一下您公司的财务工作规范？

2. 是否采用会计电算化核算系统，如何进行管理？

3. 使用何种会计软件？为什么选用这种软件？能否请您公司的财务人员给我们详细介绍（最好能用投影演示）一下会计核算的程序。

回答以下问题：

1. 调查提纲一般包括三方面的内容，这三方面的内容此调查提纲是否都写明？

2. 市场调查有关于产品情况的调查、关于消费者情况的调查和关于销售情况的调查三种，这个调查提纲中的调查内容是否属于其中一种？此调查提纲的编写有何特点？对我们编写调查提纲有何借鉴意义？

六、结合自己所学的专业，选择某一市场，如体育用品市场、电子产品市场（电脑、智能手机、数码相机等）、家电市场、建材市场、服装市场、快餐市场、旅游市场等，进行市场调查之后写一篇市场调查报告。

步骤和方法：

1. 在班上组织若干个调查小组，确定组长。

2. 联系确定被调查对象，可以是某公司、工厂、商场、超市等，并确定调查的内容，如产品情况、消费者情况、销售情况等，可确定两项或多项内容一起进行调查。

3. 编写调查提纲。

4. 对被调查对象进行走访调查，走访调查前调查小组成员做好分工，确定谁"主谈"，即以他为主与被调查人交谈、提问，小组其余成员在现场做好记录。按调查提纲确定的内容进行调查，并参观被调查单位提供给来访者的展览室、演示厅或生产经营现场。

5. 根据调查记录，再在网上查阅相关资料作参考，学习借鉴例文"××省旅游客源市场调查报告"的写作方法，写作市场调查报告作业。

项目九　经济活动分析报告

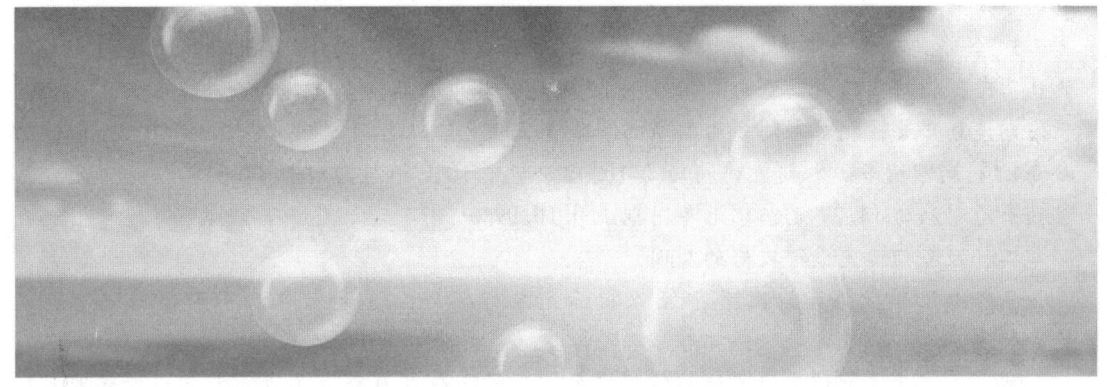

学习目标

　　学会在经济活动分析报告的写作中具体运用比较分析法和因素分析法，学会写作及时反馈中小企业、超市当期经营状况的短篇幅的分析报告。

[例文]

××超市 2019 年上半年经营状况分析报告

现对我公司今年上半年经营状况作如下分析,以促使全体员工加倍努力,保证下半年取得更好的经营绩效。

一、主要经济指标完成情况

1. 商品销售额增加。本期商品销售额为 386 万元,比计划额增长了 14.34%,比上年同期增长了 26.2%。

2. 费用水平下降。本期费用水平为 4.01%,与上年同期相比下降了 10.09%,相对节约费用额 1.73 万元。

3. 全部流动资金周转加快。本期全部流动资金周转天数为 10.4 天,比上年同期加快 0.7 天,相对节约流动资金占用额 1.12 万元;其中商品资金周转天数为 7.2 天,比上年同期慢 0.2 天,相对平均多占用商品资金 3,200 元。

4. 利润额增多。本期纯利润额为 16.42 万元,比上年同期增长 47.61%;每百元销售额平均利润为 14.27 元,比上年同期上升 16.99%。

二、经济指标完成得较好的原因

从以上几项数据看,上半年经济指标完成得较好,这是采取以下两项措施取得的成效:

第一,广开进货销货门路使销售额增加。公司除在市内努力寻找货源购进紧俏商品外,还从市外积极组织进货,并根据货源情况和季节变化积极开展销货业务。对货源充足的商品,通过增设售货摊棚、延长营业时间、开早晚市,以及打破班组经营范围等办法大力进行推销,从而增加了商品的销量额。如肉类商品销售额增长 22%,反季节蔬菜销售额增长 25%,其他副食品销售额增长 19%。

第二,把各项任务指标与班组评比奖励挂钩。实行了"百分赛"评比办法,把商品销售额、销售利润、费用率、商品资金周转率等财务指标的实际完成情况作为每月评比奖励的主要依据,按绩效定奖,绩效好的多得,绩效差的少得,这样调动了职工的积极性,经济指标任务得到落实,使几项主要经济指标任务完成得较好。

三、影响本期经营绩效的几个问题

本月初召开的上半年商情分析会综合反映出以下几个问题:

1. 商品损耗率普遍增高。本期计耗的七个班组综合损耗率为 0.06%,上年同期为 0.05%。究其原因,多属在进货验收、分选整理、搬运摆放以及保管等环节中,不按规定的操作程序办事造成的。

2. 费用开支较大。本期各项修理费开支比上年同期增加 44.32%,原因主要是不善于使用和保养设备工具,增加了维护、修理费用;其次是修建工程设计不周密、不合理,增加了拆改费用。

3. 财产损失加大。本期财产损失比上年同期增加 3 倍多，其中大部分是由于当事人工作失职造成的。如放入冷库的 50 公斤对虾由于保管人员疏忽大意，忘记出售，最终削价处理，仅此一项就损失了 1,125 元。

对以上存在的问题，提出以下整改意见：

继续完善各项必要的规章制度。首先是要尽快制定商品采购工作责任制，把好进货关。商品损耗率增高和费用开支浪费等问题，在目前已实行定期评比奖励挂钩的基础上，还应进一步采取措施，严格实行岗位责任制度，做到人人有专责，事事有人管，将各项具体的经营管理工作落实到每个人身上。例如，食品部应当把售货场与仓库的商品严格划分清楚，进货验收、销售上货、储存检查都要有专人按规定手续负责办理，彻底解决商品管理上存在的问题。

××××公司财务部

2019 年 7 月 4 日

[导读]

这是一篇中小商业企业常用的经济活动分析报告，它的应用特点是：一个经营活动周期过后，及时对当期的经营状况结合市场行情作出分析，及时反馈，以便对发现的问题迅速采取措施予以解决。本文采用了经济活动分析报告通常使用的比较分析法和因素分析法。第一部分将本期四项主要经济指标与上年同期相比用的是比较分析法。第二部分分析销售额的增加用的是因素分析法，第三部分也是用的因素分析法。

本文通过比较分析肯定了成绩，通过因素分析找出了产生三个问题（其中两个问题还比较严重）的原因，最后提出了具体解决措施，这样的分析报告对中小企业的经营活动是很有价值的。

 **知识准备**

一、经济活动分析报告的种类和特点

（一）经济活动分析报告的种类

经济活动分析报告，是以国家的有关方针政策为指导，根据计划指标、会计核算数据和各种统计资料，对已经完成的生产经营活动进行分析评价后写出的报告。经济活动分析报告是用来肯定经济活动取得的成绩，更重要的是查找问题及产生问题的原因，为提高下一期经济活动效益提出措施办法。

经济活动分析报告分为综合分析报告和专题分析报告。

综合分析报告是对某一分析对象在一定时期内经济活动完成的各项经济指标作全面、系统地分析后写成的报告。如对某一企业的生产、销售、成本、资金、利润等方面的经济指标进行全面系统地分析，然后写出报告。综合分析报告一般用于季度、年度等定期分析。

专题分析报告是抓住经济活动中某一个专项或某一个专门问题，进行深入细致地分析后写成的报告。这种报告是选择某个直接影响经济效益的问题进行分析。

（二）经济活动分析报告的定量性和定期性特点

经济活动分析报告建立在本期实际完成指标与计划指标的对比分析、与上年同期实现的指标作对比分析的基础上，数据成为分析的主要依据，是立论（对经济活动的评价）的基础。因此经济活动分析报告的写作呈现明显的定量性分析特点，即在内容的表述中，数字的列举说明占较多的篇幅，文字解析所用的篇幅相对于其他财经应用文，如市场调查报告、财经工作方案、财经工作总结来说要少一些。

从经济活动分析报告的实用特点来说，它有明显的定期性分析特点，即经济活动分析一般是按期进行的，按月、按季度、按年度或按特定的时段进行，因此经济活动分析报告的撰写及应用有较强的期限性。

二、经济活动分析报告的分析方法、写作方法

（一）比较分析法和因素分析法

经济活动分析报告一般采用以下两种分析方法。

1. 比较分析法

比较分析法又称对比分析法或指标分析法，是最常用、最基本的一种经济活动分析方法。比较分析法是将本期经济活动的数据与计划指标数据、历史同期数据进行对比，研究本期经济活动与历史同期之间的变化和与计划指标的距离，得出本期经济活动状况是好还是不好、是进步还是退步、成果是大还是小的总体结论。

2. 因素分析法

这是一种探寻本期经济指标上升、下降或持平的各种原因及影响程度的更深层次的分析方法。经济活动分析的目的是为了使未来的经济活动更好地进行，因此，只有揭示出影响经济活动效益的各种原因及其影响程度，才能研究出可行的对策，采取有效的改进措施，使未来的经济活动提高到一个新的高度。在进行因素分析时要注意分清主次，也就是在找出影响经济活动效益的内部的和外部的、主观的与客观的、有利的和不利的各种因素时，要找出主要因素，要更重视分析内部的、主观的、不利的因素。分析必须实事求是，以客观事实数据为依据。

（二）经济活动分析报告的写作方法

经济活动分析报告的写作方法如下：

1. 标题

经济活动分析报告的标题包括分析单位的名称、时间和分析报告的类别三部分，如"××汽车制造厂2016年上半年经济活动分析报告"。

2. 正文

正文分导语、主体、结尾三部分。

（1）导语。用概括的语言提出要分析的问题，表明分析的目的。有的分析报告一开始还要引用基本数据概述本期经济活动的基本情况。

（2）主体。分析报告的主体部分围绕分析的重点，采取引用数据与文字表述相结合的方式，对经济活动逐项进行说明。引用数据是用来反映经济活动各项指标效益的好坏程度，而文字表述则是用来分析说明经济活动好坏的各种原因。具体写法可以先列举数字（或列表）后进行文字分析说明，或者先用文字说明后列举数字予以证实。

（3）结尾。在分析的基础上提出意见和建议，写明采取什么措施、方法解决存在的问题。

3. 署名和日期

正文写完后在落款处写明分析报告制作者的名字和写作时间。

 训练设计

训练点：　　　　　　　　　　　　　　　　　　　　　　　　写作训练习题：
1. 强化和巩固理论知识的认知与记忆　　　　　　　　　　　练习题一、二
2. 比较分析法和因素分析法在经济活动分析报告写作中的运用　练习题三
3. 经济活动分析报告写作呈现定量性分析特点解析　　　　　练习题四
4. 用所给材料和写作方法提示写作中小企业经济活动分析报告　练习题五

写作训练练习

一、选择题：

1. 选择合适的一项填入括号中。

（1）经济活动分析报告是一种（　　）性质的财经应用文。
　　A. 调查研究　　　　　　B. 回顾总结　　　　　　C. 分析评价

（2）经济活动分析报告立论（对本期经济活动的评价）的主要依据是（　　）。
　　A. 经济核算数据　　　　B. 工作计划　　　　　　C. 相关的市场信息

（3）经济活动分析报告中，用来寻找经济指标数量差异（差距）的分析方法是（　　）。
　　A. 比较分析法　　　　　B. 因素分析法

（4）经济活动分析报告中，用来探寻导致差异（差距）的原因的分析方法是（　　）。
　　A. 比较分析法　　　　　B. 因素分析法

（5）运用因素分析法要注意分清主要因素与（　　）、有利因素与（　　）、主观因素与（　　）。
　　A. 不利因素　　　　　　B. 客观因素　　　　　　C. 次要因素

2. 经济活动分析报告中比较分析法有以下几种：

A. 与计划指标比较　　　B. 与前期指标比较

C. 与行业规范指标比较　D. 相关指标比较

下面各属哪种比较，选出恰当的项填入空中。

（1）用本期实际完成数与行业主管部门制定的指标相比较，找出差距。（　　）

（2）用本期实际完成数和计划指标相比，检查计划执行的程度，从而确定分析的主要问题。（　　）

（3）将两种性质不同但又相关的指标进行比较（如将流动资金占用与产品销售收入相比计算流动资金周转率，反映资金利用效果），从中反映经济活动的状态。（　　）

（4）用本期实际完成数与上期或上年同期完成的指标数相比，或与本单位历史最好水平相比，从中反映经济活动的现有水平。（　　）

二、填空题：

1. 经济活动分析报告主要用来查找_____，为提高_____提出措施办法。

2. 经济活动分析报告写作呈现的定量性分析特点表现在_____占较多篇幅，_____所用的篇幅较少。

三、简答题：

经济活动分析报告的写作常采用比较分析法和因素分析法，说说"例文导读"例文中哪些地方用了比较分析法，哪些地方用了因素分析法。

四、简析题：

以例文"××超市2019年上半年经营状况分析报告"中的第一部分（主要经济指标完成情况）为例，具体说明这一部分的写作呈现出的定量性分析特点。

五、用以下材料，按写作要求和提示的写作方法步骤写一篇经济活动分析报告。

[写作材料]

材料一：

天成印刷厂是个小型企业，2018年的计划年利润为270万元。2018年6月底，该厂经过经济核算，上半年已完成利润151.2万元，完成了年计划的56%。时间过半，全年利润指标任务过半，应该说是好事，值得高兴。但是喜中有忧，原因是财务部门对6月份的成本进行了核算，得出的数据是：6月份每千印成本为65元，百元产值成本为70元，与5月份相比，千印成本增加了19.73元，百元产值成本增加了11元。

成本增高这个问题如果不解决，全年的经济指标计划目标就很难实现，于是要对6月份成本升高的原因进行分析。

材料二：

6月份成本增加的原因有3个：①纸张价格上涨。5月份规格为787毫克的胶印纸每张单价为0.15元，6月份涨到0.17元，全月的纸张费用增加3316.60元；②油墨费增高。6

月份消耗油墨 3525 公斤，共计油墨费 30662 元，全月油墨费增加 2244 元；③辅助生产费用和管理费偏高。6 月份辅助生产费比 5 月份增高 983.5 元，企业管理费比 5 月份增加 494.3 元。辅助生产费用增加的主要原因是领用大型工具增多、设备备件耗用增多。企业管理费偏高的原因是购买办公用品费和招待费增多。

材料三：

针对上述问题，该厂财务部门提出以下建议：通过改善内部经营管理和建立必要的制度，来消化原材料涨价这个不利的外部因素。具体意见是：①制定千印油墨消耗定额，改进生产工艺，加强管理，把千印油墨消耗量控制在 0.1 公斤以内；②建立健全设备维修保养制度和工具领用保管制度；严格控制办公费用，节约使用企业管理费。

[写作方法、步骤]

(1) 以"天成印刷厂 6 月份成本分析报告"为标题，写作这篇经济活动分析报告。

(2) 采用 [材料一] 完成这篇分析报告的第一层次的写作。具体写法是：

开头用一句话概括上半年完成利润指标的情况，然后用"利润指标完成得虽好，但 6 月份成本费升高，与 5 月份相比成本增加如下表"这句话引出一个表格，表格中要列明 5 月份和 6 月份每千印成本金额和每百元产值成本金额，以及两月相比增加的具体数据，要将比较分析法的运用体现在这个表格中。

(3) 采用 [材料二] 完成本文的第二层次的写作。具体写法是：

用"6 月份成本增高的原因有以下三点"这句话领起下文，另起段标序号 1、2、3 来分述成本增高的三个原因。这一层要采用因素分析法。

(4) 采用 [材料三] 完成本文的第三层次的写作。具体写法是：

用下面这句话领起这一层："鉴于以上情况，我们建议通过改善内部管理，建立必要的规章制度来降低成本，消化原材料涨价的不利因素，以确保全年利润指标的实现，具体意见如下"，然后另起段标序号分述几条具体意见。

项目十　总　结

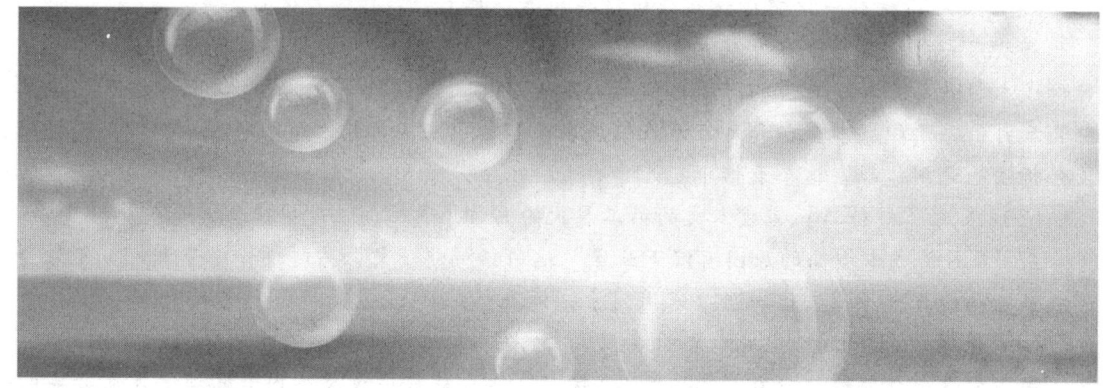

 **学习目标**

　　掌握个人年度工作总结的写作方法，学会写作单位或部门的年度工作总结。

例文导读

[例文]

××证券公司××营业部2018年工作总结

2018年即将结束,回顾我营业部全体员工在这一年中取得的一些成绩,让我们感到欣慰,但是面对日趋激烈的竞争环境,我们又深感不能有丝毫松懈,必须奋力去超越自己。只有认真总结过去、寻找差距、认识不足,才能进步和提高。在此我们以认真深入和细致客观的态度对营业部在这一年来所开展的工作进行总结,力求在新的一年取得更好的成绩。

一、过去一年的主要工作和成绩

(一) 业务发展取得了较大的突破

今年在分公司领导的正确领导下,我们努力实施"以大户为主"的战略,通过营业部全体员工的共同努力共完成各类证券交易量14100万元,其中A股8789万元,基金4565万元,国债746万元,股民存款保证金余额达到587万元,实现利润820万元,创造了营业部历史最好成绩,也使得营业部的整体经营开始发生"质"的变化,即正在实现由以散户为主要服务对象的营业部逐步向以大户、机构客户为主要服务对象的营业部过渡。

(二) 业务手段得到进一步拓展

以往我们的业务手段较为单一,仅只有简单的委托代理业务,在日益激烈的市场竞争中如果不能掌握吸引大机构客户的业务手段,是没有前途的。在认识到这一问题后,我们开始积极向外学习研究一些拓展业务、引进大机构客户的新思路、新方法。在不断地学习、探讨过程中,我们掌握了将机构客户与资金实力雄厚的企业进行资金融通、并由券商进行监督的业务手段;掌握了通过银行给予大机构客户进行质押贷款、担保贷款以及大额存兑的新业务手段。通过这些业务手段的拓展,共计为机构客户实现资金支持×亿元,加上机构客户抵押资金,共计吸纳资金××亿元。

在对大机构客户进行重点挖掘的时候,我们也一直没有忽视对中等客户的培养和开发。我们一直清醒地认识到中等客户是一个营业部的基础,在行情较为冷清的时候,往往是依靠他们来维持交易量,他们是营业部的人气指标。在原××营业部大户区落成后,我们就一直把对中、大户的挖掘工作作为重中之重来抓。我们知道客户的心理状态是非常重要的,因此一直重视做客户的思想工作,从心理上去理解他们、关心他们,给他们以信任感,我们在这方面取得了较大的成效。比如,通过××证券转过来的几位客户了解到××证券现行政策中令中、大户强烈不满的几个问题,我们立即将其存在的这几个问题与我们自己进行对比,发现不足之处立即进行改正。之后,反复多次邀请前期从××证券转过来的几位客户座谈,以我们的诚意打动他们,并向他们宣讲我们的优势和展现诚意。在来来往往的几个回合中,我们新开设的两层楼大户区域不到两个月就基本满员了。

（三）风险控制有所加强

在日益激烈的券商竞争中，新的业务手段的率先拓展往往能在大客户的争夺上抢得先机，从而带来较为丰厚的利润。但是，伴随着丰厚利润而来的是这些新业务手段引发的潜在风险。因此在拓展新业务、开辟新财源的同时，往往需要对随之而来的风险进行控制，加强风险管理。

机构客户的资金量是巨大的，在其操作过程中稍有不慎，就可能造成重大的政策风险和经济损失。因此在与机构客户的业务开展和管理中，我们指派了专人负责，同时由财务人员进行监督，对机构客户的每笔操作都要求提供其法人代表的授权，对于其账户内资金的划转都要求客户管理员与会计人员同时进行审核，并由经理签字同意后方能办理；对于每一机构客户的档案都实行动态管理，由专门的客户管理员负责收集机构客户每一项动态资料，进行归档后与财务人员共同管理。

对机房通讯系统的风险管理也是相当重要的，一旦机房通讯系统出现故障或清算工作出现失误，带来的损失将是相当巨大的，为此，我们在搬迁到新址营业部后，重点加强了对机房的管理和风险控制，实现了深圳、上海双向卫星与单向卫星同步运行；添加了一套"钱龙"交易系统的替代产品——"通达信"软件交易系统；对以往的历史成交数据全部进行了"数据备份"，并制作了光盘；对当日清算工作流程进行严格管理，实行了清算备忘与登记制度；实现了全员权限登记、监控制度，即每个管理员在客户系统中的任何行为都受到监控和记录。机房工作的风险控制使交易环节得到了更可靠的安全保障，规避了由硬件环节引发的潜在风险。

（四）员工精神风貌大为改观

员工动力是营业部工作得以顺利开展的重要因素，如何将营业部员工的思想、情绪和行动统一到工作中是一项重要的管理艺术。我们通过积极开展集体性质的活动，加强员工的参与意识与集体主义精神，将营业部的员工紧紧团结在一起。营业部员工的团队精神和凝聚力在一年来的各项工作中得到充分体现。

二、存在的不足及解决办法

对于工作中的不足之处，我们也有较为充分的认识，主要有如下几点：

第一，员工的服务意识仍显欠缺，有些员工潜意识中仍残留着较为严重的"大锅饭"观念，国有企业的"老作风"一时无法得以彻底改变，做不到以低调的态度去服务客户、赢得客户，思维中还没有完全建立市场竞争所带来的应有的危机意识，缺乏紧迫感，认识不到就业机会的宝贵。

第二，员工的学习氛围较差，尚未形成一股学习奋进、刻苦钻研、进取向上的正气，认识不到在证券公司这样一个高智商行业中文化知识的重要性，更感受不到自身知识的贫乏，也意识不到与当今社会知识快速更新之间的巨大差距。

第三，部分员工缺乏事业心、责任感、没有理想、没有抱负，得过且过，不愿通过努力实现个人愿望，把希望寄托在别人身上。

从以上几点不足可以看出，存在的问题基本上是人的问题。因此，我们要认真总结以上不足，切实抓好员工的人生观、事业观教育，为业务工作的拓展打好牢固的基础。

三、明年的工作打算和努力方向

对于明年的工作,我们打算在以下三个方面进行努力:

第一,继续实施"以大户为主"的战略目标,以更大的手笔拓展业务规模,争取在最短的时间内将新迁营业部的客户规模快速提升,全方位地争取客户资源,特别是大户、机构户资源,争取完成 A 股委托代理交易量 50 亿元,实现利润 1,000 万元,股民存款保证金余额不低于 1 亿元。

第二,进一步拓展业务手段,加强与银行的合作和新业务的开拓,争取在抵押融资、证券质押、代客理财方面取得新的进展。

第三,加强员工思想政治教育,树立员工危机意识、竞争意识、淘汰意识,逐步建立起淘汰机制,做到员工能进能出,淘汰后进员工,吸纳优秀人才,引进先进的观念,在广大员工中树立一股积极进取、力争上游的风气。

××证券有限公司××分公司
××营业部
2018 年 12 月 15 日

[导读]

这篇总结通过对过去工作的回顾,总结了取得的成绩经验和存在的不足,也对下一步工作提出了打算。行文流畅,总结出了规律性的认识,即:在风险中求生存,在竞争中求发展。这种总结对己可鼓舞士气,对人可启发借鉴。全文材料典型,内容丰富,无虚浮言词。

知识准备

一、总结的作用、种类

(一)总结的作用

总结,是一个单位或个人对某一阶段内已完成的工作、生产、学习进行回顾、评价,肯定成绩、找出存在的不足,用以促进下一阶段工作所写的应用文。

通过总结,我们可以全面、系统地对前阶段的工作进行检查、分析,从中得出科学、有效的经验,吸取失败的教训,用以指导下一阶段的工作实践。一些具有典型性的成功的经验总结,还可起到典型带动一般的作用。

(二)总结的种类

总结可分为工作总结、生产总结、学习总结等。按时间划分,可分为年度总结和阶段性总结。总结还可以分为综合总结和专题总结两种,综合总结又称全面总结,是对某一时期各项工作的全面回顾和评价,专题总结是对某一专项工作完成之后作的总结,多用于推广成功经验。

二、总结的写作要求、写作方法

(一) 总结的写作要求

写总结时要实事求是地叙述取得的成绩,用典型材料来说明所做工作的实际成果。总结的价值在于它对今后工作的促进作用,所以在写总结时,就不能只是对已完成工作的简单的回顾、陈述,不能仅止于说明完成了哪些工作,更重要的是说明工作完成得怎么样?工作是如何做的?有何普遍意义?这样才能从感性认识上升到理性认识,总结出规律性的东西,不断地进步。

(二) 总结的写作方法

总结的写作内容由标题和正文两部分构成。

1. 标题

总结的标题有两类:公文式标题和一般文章式标题。

(1) 公文式标题,包括总结单位名称、时限和总结的种类。如:××证券公司××营业部2018年工作总结。

(2) 文章式标题。分为单行标题和双行标题两种。单行标题概括写明总结的基本观点或扼要写明总结的中心内容,如《掌握市场信息是搞活商店经营的关键》。双行标题即"正标题+副标题",正标题点明主要观点或经验,副标题补充说明总结单位、期限和种类,如"面向国际市场,立足适销对路——××工艺品公司2018年出口创汇工作总结"。

2. 正文

正文包括以下几个方面的内容:

(1) 前段工作概述,即对前段工作作简要表述,并说明完成工作的背景、条件。

(2) 完成的工作,即逐项叙述所完成的工作,说明工作具体过程、做法。这部分要叙述完成工作的过程,说明解决问题的办法、措施并举出典型事例。

(3) 经验、体会,即总结成功的经验,找出失败的教训,并做适当分析,从中引出规律性的东西。

(4) 存在问题和今后的打算,即指出存在的问题,提出改进意见和努力方向。

3. 正文写完之后在右下方写总结单位或个人的名称和日期。

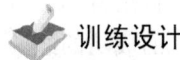 训练设计

训练点:	写作训练习题:
1. 强化和巩固理论知识的认知与记忆	练习题一、二
2. 总结中"取得的成绩""经验""存在的问题不足"三项内容的写作方法运用	练习题三、四

3. 个人年度工作总结写作方法借鉴　　　　　　练习题五
4. 以范例作参考写作个人学习总结　　　　　　练习题六

写作训练练习

一、判断下面说法的对错，对的打√，错的打×。

1. 总结既报喜，又报忧。（　　）
2. 总结是对某项工作完成后的结果所做的总鉴定和总结论。（　　）
3. 总结要把感性认识上升到理性认识的高度。（　　）
4. 写总结用第三人称。（　　）
5. 写总结一定要按照完成工作的时间先后顺序来写。（　　）

二、选择题：

1. 总结这种应用文有以下三个特性，选择与解释这些特性相对应的项填入空白处：
　　A. 客观性　　　　　B. 自我性　　　　　C. 回顾性

（1）_____：总结的对象是本单位或本人，总结是对自身实践活动的理性认识。写总结要根据本单位或本人的实际情况，总结出自己工作的做法、成绩和经验以及不足。所以总结都采用第一人称的写法。

（2）_____：总结是工作完成之后进行，总结的内容是回顾过去已经做过的工作，是回头看，评价自己所做工作的多少和好坏，为今后的工作提供借鉴，指明努力方向。

（3）_____：写总结要写出一个真实的"我"，在总结的工作时间段内，做了什么就写什么，做了多少工作就写多少，实事求是。写总结所用的材料要真实，不编造不虚夸，也不只报喜不报忧。

2. 选择合适的项填入空白处：
　　A. 做了什么　　　B. 做得怎样　　　C. 做什么
　　D. 怎样做　　　　E. 事先　　　　　F. 事后

总结与计划有密切的联系，总结是要回顾检查计划的执行情况，同时又要以总结作制定新的计划的依据。计划是_____明确未来某一时间阶段要_____和_____，总结则是_____报告这一时间阶段已经_____和_____。

三、填空题：

写总结时很重要的一点就是要把工作中所取得的经验写出来。下面的例文是某银行写的工作总结中集中写经验的部分（此篇总结的第二部分）。所谓经验，就是由工作实践中得来的科学的工作方法，请你在下面例文的每一个基本经验中，找出一个表述"科学的工作方法"的短语，写在横线上：

1. 经验一中科学的工作方法是_____。

2. 经验二中科学的工作方法是_____。
3. 经验三中科学的工作方法是_____。
4. 经验四中科学的工作方法是_____。

[例文（节选）]

二、做好信贷工作的经验和体会

总结过去几年工作的实践，我行信贷工作有以下四个方面的基本经验：

（一）严格执行信贷计划，保持信贷平衡。保持信贷平衡就要按照国家经济建设的方针政策和经过平衡下达的信贷计划，有控制地安排信贷资金的数量，讲求经济效益。

（二）贯彻"择优扶持、区别对待"和"以销定贷"的贷款原则，努力提高信贷资金效益。发放贷款要执行"择优扶持、区别对待"和"以销定贷"的贷款原则，要认真做好贷款的贷前调查、贷时审查和贷后检查。只有做到了这些，才能真正掌握贷款的自主权，即贷与不贷、贷多贷少、时间长短、利率高低的决定权，对贷款的后果负责任。

（三）深入调查研究是做好信贷工作正确发挥信贷杠杆作用的重要方法。

（四）要加强思想政治工作，调动信贷干部的工作积极性，使每个信贷员增加做好工作的自觉性和责任感，做到坚持原则，遵守制度，忠于职守，满腔热情地为企业和国民经济发展服务。

四、"存在的问题和不足"是总结的必写内容之一，判断以下几种写法，哪种写得好哪种写得不好，写得好的打√，写得不好的打×。

1. 人无完人，在做好以上工作的同时，我深知自己有很多不足之处，离优秀员工还有一定距离，在新的一年里我要扬长避短、再接再厉，努力做出更大的成绩。（　　）

2. 去年我们的工作取得了较好的成绩，但仍然存在部分人员对自己要求不严、工作作风不够扎实、业务水平不够高等问题。明年我们将严格按公司制定的工作目标，以改革为动力，不断加强纪律作风建设，确保各项任务的圆满完成。（　　）

3. 过去的一年我们虽然做了大量的工作，取得了可喜的成绩，但在我们的工作中仍然存在一些不足。其一，部分员工思想观念转变较慢，缺乏忧患意识和竞争意识，工作主动性不强，缺少进取精神。有的管理人员管理水平较差，管理工作缺乏新的突破。其二，虽然销售形势喜人，市场占有率有较大提高，但产品单一，终端客户的需求调查、信息反馈欠佳，我公司产品市场存在潜在危机。其三，部门与部门之间沟通协调配合不够，以致出现工作相互脱节、效率低、质量差的现象。其四，管理制度和办法难以持之以恒地执行，执行力较弱。存在的上述问题和不足，有待我们在明年的工作中改进和完善。（　　）

五、下面是一位财经工作人员写的个人年度工作总结，这篇总结写了哪些内容？在写法上有何特点？

工 作 总 结

2018年是我思想、学习、工作取得长足进步的一年，回顾一年来，在领导的关心和同志们的帮助下，我在德、能、勤、绩等方面取得了比较好的成绩。

一、自觉加强理论学习，积极参加本单位组织的各项学习活动，并注重自学，进一步提高政治素质，加强了廉洁自律的自觉性。在业务学习方面，我虚心向身边的同事请教，通过多看多听多想多问多做，努力学习业务知识和技能，学用结合、学以致用，为使自己成为"多面手"，能更好地投入工作打下了良好的基础。

二、认真努力地完成了各项工作任务。我在融资办工作的一年中，在领导和同事们的耐心指导帮助下，通过自己不懈的努力，圆满完成了领导交给的各项工作任务。具体做了以下几项工作：

（一）配合领导做好我区2018年投融资计划的编制工作。通过参加区局投融资计划编制的研讨会议，学习了解了编制投融资计划的重要意义、基本原则、编制程序。我和有关同事一起，按照市政府统一部署和区委区政府的工作要求，编制了《2018年投融资计划书》。7月份配合区政府组织各街、镇和有关委、局召开了全区2018年投融资计划编制工作会议。

（二）做好全区投融资项目的汇总上报工作。从4月份开始，根据区发改委下发的通知要求，我积极开展工作，布置并督促各街镇及相关委局进行调查、汇报，根据各单位的汇报情况，先后对我区项目情况和有关数据进行了核实、汇总、筛选、上报。

（三）做好资金贷款的各项基础工作。为加强我区融资工作，我积极与国家开发银行联系，配合领导五次到国家开发银行省分行业务处进行洽谈，根据省分行领导的有关要求，做好项目用款数据的测算、区级配套资金的划分、还款计划的制定等相关资金贷款的基础工作。经过一年的努力，争取得到了国家开发银行省分行的有力支持，签定了2018年度的融资计划合同，取得了国家开发银行3亿元的贷款资金，有力的支持了我区的开放开发工作。

三、工作态度纪律作风都有了新的进步。工作中我以苦为乐、以忙为责，满腔热忱地去迎接做好每一项工作，做到了干一行爱一行、钻一行，并时刻用纪律法规自觉约束自己，用警示事例警醒自己，做到了廉洁奉公、遵章守纪、规范工作。

过去的一年我自身也还有一些不足，主要是：工作创新精神不够，遇到实际情况时解决问题的办法思路还不够新不够广；专业知识的更新还有待加强。作为一名财政系统的工作人员，政治理论水平还有待提高，今后还需用更多时间深入到企业单位中去，强化为人民服务的宗旨意识，努力使自己成为一个称职、优秀的公务员。

李××
2018年12月25日

六、认真阅读下面这位同学写的学习总结，在原文中找出这位同学表述自己学习经验的句子，在这些句子下面加横线，然后总结一下你自己两年（或一年、或一个学期）的学习情况，学习借鉴下面这篇总结的写法写一篇学习总结。

[写作要求]

1. 总结的主体内容应包括以下四个部分：①各门理论课的学习情况（分文化基础课和专业课两方面）；②技能课的学习情况；③思想品德修养、做人处事方面的成长进步；④不足之处和今后的打算。

2. 实事求是地写出一个真实的你，有多少成绩就写多少成绩，有经验体会也写出来，问题和不足也不要回避,要全面回顾、评价过去的学习情况。

3. 全篇总结的表达次序可以仿照下面这位同学总结的写法:先用一段话从总体上说一说自己的收获体会,然后分几个自然段具体讲各方面的学习情况、成绩、不足之处,最后用一段讲今后的打算。字数在800字左右。

[写作参考实例]

学 习 总 结

转眼间两年的学习生活就要过去了,踏入社会的门槛离我们又近了一步。这两年我学到了很多新的知识,掌握了一些就业需要的技能。两年来我的各门专业课和部分基础课的学习成绩在班上一直居上游水平,在个人品德修养方面也有较大的进步。现在将我两年来的学习情况做总结。

首先来总结一下基础课的学习情况。学完中专的语文课,我的文化知识增加了很多,财经应用文写作能力有很大提高,普通话训练合格,取得了普通话等级证书。此外,我还按老师的指导阅读了一些课外书籍。课外阅读让我学会静下心来思考问题,克服了以往的浮躁习性。学习语文对我的人生成长起了不小的作用。数学是学好会计的基础。学会计的离不开算账,而要算好账、把账做好就一定要对数字敏感,数学知识的运用能力一定要强,否则做账就一定会出错。学会计、学金融、学统计都要有好的数学基础。有了这样的认识体会后,我上数学课就特别认真,这门课也取得了自己满意的成绩。虽然在会计课的学习中很少用到英语,但是如果我们在英语这门课上下了功夫,以后到外资企业去应聘就有了优势。英语课的学习中我掌握了财经英语的基本词汇和用法,在口语训练上我下了很大的功夫,考试成绩在班上名列第四。我的体育课成绩较差,对这门课我一向没有重视,平时也不爱运动,成绩勉强及格。由于缺少锻炼,体质较差。

专业课我已学完了三门课程。基础会计上学期已经结业,这门课我学得比较扎实,取得了优秀的成绩。学习会计课我最深的体会是,会计专业知识比较复杂,开始的内容要学扎实,基础要打好,越往后学,越需要下更多的功夫。会计课和我们以前学过的语、数、外完全不一样,有它的特点和规律,会计知识需要积累。我刚开始上基础会计课时,可能是因为刚接触这门从未学过的课程,感觉就是有点不知如何下手,常常写错借方、贷方的科目,学起来感觉很吃力。于是我上课注意听清楚老师讲的原理,为什么这个科目要叫这个名字,为什么要写在借方,不写在贷方。遇到不懂的地方马上问老师。一些重要的会计原理弄懂之后要牢牢记住,课后再进行复习。经过一点一点地积累,我的会计课逐步学好了。

技能课我来总结一下点钞和"五笔"。刚开始学点钞很难,由于指法不正确,一把点钞券点到一半,点钞券就掉到地上了。要点对一把点钞券的张数,必须专心致志、指法正确灵活,做到既快又准。后来我一有时间就把点钞券拿出来点,坐在公交车上练、回到家里也练。到这个学期我单指单张点对六把,多指多张点对十把,已达到下学期应该达到的技能达标标准。说到五笔字型输入法,要掌握它可不是件轻松事,要背诵字根口诀,还要记哪个偏旁部首在哪个键上,还要熟练掌握从一级到四级的简码。但是入门之后就变得简单多了。随着上机次数增多,练习量加大,我从一分钟只能打十几个字到现在一分钟可以打四五十个字了。虽然打字不算打得很快,但是已经尝到了进步的甜头。技能将伴随我的一生,作为职校学生，今后工作靠的就是技能。各项技能都要靠刻苦的练习才能掌握好，练技能是一个吃苦的过程，这话一点不假。

我是住校生，在学校住读，自己的事得靠自己做。一些生活上的事，我现在能打理得井井有条了。如洗衣服、打扫卫生等，以前在家里是从来不动手的，现在都是自己做。住校后能做到生活自理，独立生活能力增强了。

这两年的学习我还存在一些不足之处，在技能方面，和学校技能集训队的同学比还有较大差距。在日常行为方面我不善与人交流，在公众场合讲话都有些胆怯。身体素质还有待提高。在做人处事方面还有很多不足。通过总结我认识到，只要有付出就会有收获，要想成功就要付出不为人知的辛苦和汗水，要想进步就要多向别人学习。

离毕业只有短短的一年的时间了，下学期起会有一些新的专业课程，我要做好思想准备，因为机会只会给那些有准备的人。我的目标是以优异的成绩毕业，为就业作好准备。具体打算从以下四个方面努力：

1. 继续把专业课学好，力争顺利通过会计从业资格考试，拿到会计从业资格证书。
2. 刻苦练习点钞和五笔技能，提高这两项技能的达标水平，为多渠道就业作好充分的准备。
3. 多参加体育活动，加强体能训练，坚持每天锻炼身体。
4. 注意提高自己的表达能力和与人沟通的能力，为适应社会作好准备。

岁月的帆船从来不会后退，我们度过的每一天都是独一无二的，我要珍惜这最后一个学年的每一天，达到自己预定的目标，为毕业后进入社会而加倍努力。

××级××班：胡××

2019年5月6日

项目十一 经济论文

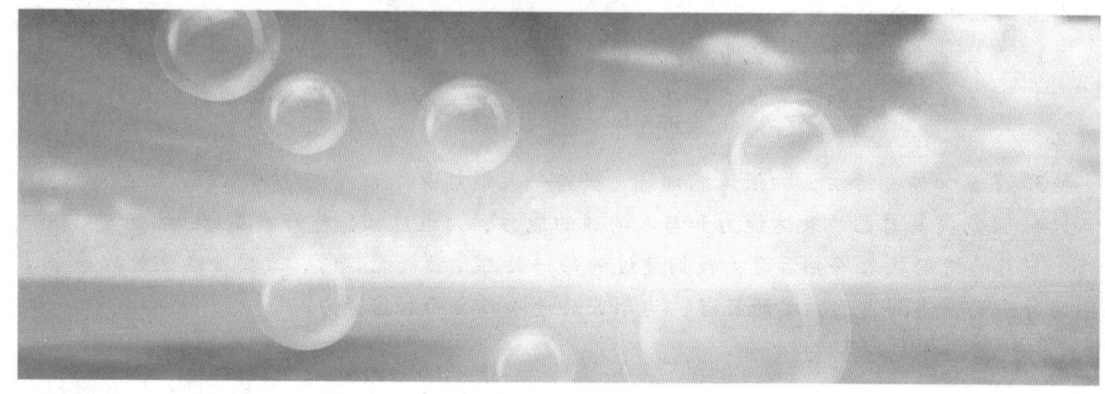

学习目标

  掌握"引论—本论—结论"这一基本结构形式的运用方法，学会在经济论文写作中运用举例论证、对比论证、引用论证三种论证方法。重点掌握经济短论的写作方法。

例文导读

[例文]

论连锁经营集团化

自1859年美国太平洋和大西洋茶叶公司出现之后，世界商业体系中形成了一种崭新的经营方式——连锁经营。连锁经营被称为商业零售业的第三次革命，因为它把现代大工业、大生产的组织原则应用于商品流通领域，提高了协调运作能力，实现了规模经营效益。近几年来，连锁商业在我国发展较快，迄今约有2,000家连锁企业。在其他形式零售业不景气的情况下，连锁商业却能一枝独秀，销售额与效益逐步增长。但我国连锁业的发展还不尽如人意，运作过程中还存在不少问题。本文拟从构筑连锁经营集团化的必要性、连锁商业发展中存在的问题和扩大规模经营的对策三个方面进行论述。

一、构筑连锁经营集团化的必要性

连锁经营集团化是我国当前发展经济、培育新的经济增长点的战略选择，是商业企业寻求规模效益、构筑21世纪大商业、大贸易持续发展战略的必由之路。连锁经营在市场经济中的强大生命力，源于它能够取得规模经济优势，通过实现采购、配送、销售、经营决策等职能上的专业化，店名、店貌、商品、服务方向的标准化，商流、物流、信息流的集中化，把每个环节、每个岗位上的商业活动，变得像工业生产流水线那样尽可能的简单，从而取得良好的规模效益。

扩大连锁经营规模，不仅涉及连锁企业效益问题，还涉及连锁经营生存发展问题。目前，国内多数连锁企业普遍规模较小，形成不了规模效益，因而缺乏竞争力。国内位居销售额排名之首的××连锁超市，其连锁分店仅100多家，其他一些连锁企业仅有连锁分店几十家或更少。而世界上以销售额排名的十大零售连锁公司中的前几名，其连锁营运分店数量多达数千家，如沃尔玛、家乐福等公司。不难看出，连锁店效益与一定的分店数量成正比例关系，规模经营是提高连锁经营效益的根本保证。

二、连锁企业发展中存在的问题

1. 连锁形式单一，企业规模较小

我国近几年迅速发展起来的连锁企业，从管理方式上看几乎都是正规连锁（也称直营连锁），并以总店直接投资建立直营店形式扩大连锁规模。正规连锁固然有其优势，即总店对分店拥有所有权和经营权，可以统一调动资金、统一人事管理、统一经营策略，但其最大的缺点是需要庞大雄厚的资金作后盾，以支付建立分店所需的大量资金，如购地费、建设费、房租等。而实际上我国连锁企业自有资金严重短缺，难以从日益市场化的商业银行获得足够的贷款，因此企业规模扩张十分缓慢，连锁分店数量偏少，市场占有率难以上升，所以必须重视发展特许连锁、自由连锁等形式，加快扩大连锁规模。

2. 规范性差，管理手段落后

规范是连锁经营的核心，离开了规范化经营管理，连锁经营很难健康发展。我国许多连锁企业只是做到了统一店面及标志,而在经营管理方面仍旧停留在原来的水平上,"貌连神不连",有的连最基本的统一配送也做不到。这一点在国有连锁企业中表现尤为突出,企业员工素质低,服务方式落后,管理手段过时僵化,企业销售额的增加主要是靠延长营业时间和扩大服务内容来实现。因此,实施规范化、标准化管理,采用现代化管理手段,是连锁商业企业的当务之急。

3. 配送中心短缺,难以享受统一、大量送货所带来的价格折扣

配送中心在连锁经营中的地位和作用至关重要,只有通过配送中心的有效运作,才能将统一采购、货物集中管理和各分店的需求有效连接起来。配送中心是目前中国连锁商业最短缺的因素,在中国700多家连锁公司中,有规模、有效益的配送中心寥寥无几。数量不少的连锁店完全是各自进货,享受不到从厂家大批量进货的价格折扣,因而经营的商品不具有价格优势,经营效益很难提高。

4. 面临国际巨型连锁集团的巨大挑战

随着我国零售业的对外开放,一些国际巨型连锁商业集团开始进军中国。美国的沃尔玛、法国的家乐福、荷兰的万客隆等纷纷在国内一些大中城市设店布局,对国内连锁企业形成了巨大的冲击。资料显示,一个外资洋超市可挤垮与其毗邻的10家本地超市。位于××东部的"易初莲花"(泰国)开业不久就将拥有一个总部七个连锁店的"广客隆"超市集团挤垮。

一些国际巨型连锁集团不仅企业规模巨大,而且经营中的科技含量很高,如沃尔玛总部拥有仅次于美国联邦政府的极其先进的计算机系统,它包括客户管理系统、配送中心管理系统、财务管理系统,能随时、全面地反映各种商品的进、销、存状态,对市场变化拥有超强的应变能力。由此可见,国内连锁企业如果不奋起直追、扬长避短,就很可能被洋超市打败。

三、扩大规模经营的对策

一是加强对连锁企业的政策扶持。各级政府应大力鼓励企业发展连锁经营;在资金方面应促成银行给予基准利率专项贷款或部分贴息贷款;财税部门应在一定时期内对其减免税收,以增强连锁企业的起步能力和还贷能力。

二是采取现代化管理手段,实行规范化管理。连锁经营要采取快速高效的现代化供应链管理,利用先进的技术设备,把供应商、分销商和零售商以及最终端的用户连成一个整体的网链结构。要应用高新技术做到"八个统一",即统一店面、统一标记、统一进货、统一配送、统一广告促销、统一核算、统一人事管理、统一服务规范。总店要制定具体制度,确保八个统一规范能在所有分店充分贯彻执行。分店的运行要在总店直接、严格的监控下进行。企业要积极采取销售时点管理系统、条形码管理系统、库存自动化管理系统、自动记账系统,建立自己的网络信息系统,使总店有关部门实施对所有分店的即时动态管理。建配送中心可分两步进行,在建店初期,可先将原有的设施和装备进行改造为连锁店进行配送,待企业走上轨道后,再注入资金建成规范化配送中心。

三是采取多条途径发展连锁业,组建多种形式连锁店。从我国国情出发,具体有以

下几个措施：第一，通过原有城市的副食品公司、百货公司、粮油公司等，经过改组、改造，联合发展连锁业。这种方式能较好地适应原有产权关系，避开新设网点的许多困难；第二，以股份制形式进行连锁经营，这种方式能在短期内筹集社会闲散资金，扩大经营规模，获得良好收益；第三，引进外资发展连锁经营。这种方式多以中外合资经营为主。这种合资合作连锁经营可以充分利用国外企业的资金、管理经验和技术，在市场竞争中占据优势。

通过以上这些措施和办法，可使连锁经营有计划、有步骤地发展，在全国范围内形成整体性的规模经营，实现规模效益。显而易见，只有实现连锁经营集团化，才是我国连锁商业发展战略的正确选择。

[导读]

本文从三个方面论述中心论点：论述"必要性"时，先从我国经济发展的战略高度、长远眼光来论述构筑连锁经营集团化的必要性，再从连锁企业的生存现状来论述"必要性"。论述"存在的问题"时，剖析问题十分透彻，列举了例子、数据，使人不得不服。举例论证、对比论证都用得很好，指出问题时具体、分析问题深刻，如讲许多连锁企业是"貌连神不连"、销售额的增加主要是靠延长营业时间和扩大服务内容。这些论述说明作者对所要论述的问题有深入的了解和深刻的认识。

提出的对策十分具体，如讲"政策扶持"时，提出银行给予基准利率专项贷款和贴息贷款、财税部门减免税收。在提出对策时还要对此种对策作相应的分析，如：讲"通过原有副食品公司、百货公司经过改组改造发展连锁业"时，分析这种方式的好处：能较好地适应原有产权关系，避开许多困难。经济论文在写"对策"时既提出具体对策又作分析的这种写法，与经济活动分析报告、市场调查报告中写对策意见时的写法明显不同，经济活动分析报告和市场调查报告写对策意见时不对所提出的对策意见做具体分析。

这篇经济论文中心论点十分明确，"引论—本论—结论"的架构非常清晰，这些都是值得我们在写作经济论文时认真学习的。

 **知识准备**

一、经济论文的特点及种类

（一）经济论文的特点

经济论文是对经济领域中的某些现象和问题进行研究，探讨其本质特征及发展规律的一种论文，它用来表述科研成果，具有科学性、创造性、实用性的特点。经济论文要求作者在前人的理论和经验的基础上有新颖独到的见解，有所提高和突破，并切合经济工作现实的需要具有一定的实用价值。

（二）经济论文的种类

经济论文可分为两类：一类是学术理论性经济论文，用于经济理论探讨和研究，阐述学术观点。其特点是立论深刻、理论性强，学术价值比较高。另一类是工作研究性经济论文，用于对实际工作进行研究探讨，对经济工作中迫切需要解决的、重要而又具有普遍意义的实际问题，进行分析研究，提出独到的见解和切实可行的解决办法。它的基本模式是"情况—认识—办法"，这一类经济论文直接为改进工作、推动工作的发展献计献策。

二、经济论文的写作方法

（一）经济论文的选题及中心论点的确定

选题就是选择课题，这是经济论文写作的第一步。课题就是经济论文中要研究和论述的问题，它是经济论文研究对象、研究范围、研究方向以及论文规模的体现。经济论文的选题是作者对经济活动实践提供的大量材料进行思考之后确定的。选题的确定标志着作者对要研究的问题的实质已有初步的把握。课题的选择直接关系到一篇经济论文写作的成败。优化选题的方法是：凭借自己已有的知识储备、专业特长、先期研究经验和兴趣爱好作探测性的选择，同时，有针对性地查阅文献资料，了解学术动态和社会形势，接着，进行必要的调查研究，向有关单位及个人作课题咨询，从而发现问题，并对这些问题作较深入的思考、判断，明确研究方向，选定课题。

课题选定之后再据此收集资料，资料可以从相关的学术专著、论文集、文件汇编、报刊以及互联网等渠道获得。收集获取了大量资料后，在此基础上进行深入的研究、艰苦的探索，在前人创造的学术成果源流里注入自己的心血，在思考过程中产生出自己的见解，形成一个基本论点，这就是经济论文的中心论点。基本论点确立后再考虑论文的下位论点（分论点），即考虑基本论点从哪几方面来论述。下位论点拟出后，要按下位论点内在的逻辑关系排列出它们的先后顺序，使下位论点紧紧围绕基本论点形成一个严谨的论证体系。

（二）编制经济论文写作提纲

论文写作提纲是论文撰写内容的纲目，它应拟写以下内容：①拟定论文的标题。②用论点句写出论文的基本论点即中心论点，并确定论点句在文中放置的位置。③用若干个论点句依次写出各个下位论点（即分论点）。④确定每个分论点各由几个（一个或多个）自然段组成，写出各自然段的段旨。⑤按预定的表达顺序，依次写出各分论点下的全部的明细材料的序码编号，并在序码后用词组或短句简要写出每个明细材料的内容。所谓明细材料，是指运用到每一个自然段中的具体材料。⑥选定论文写作采用的篇章结构形式，如总分式、递进式等。

（三）经济论文引论、本论、结论的写作方法

经济论文是具有完整的议论文要素（论点、论据、论证）的文章，因此它采用议论文的基本结构形式"引论—本论—结论"三段式，从论述的角度看就是提出问题、分析问题和解决问题。

引论是经济论文的开头部分，它是论证主体部分的导引，其写作内容是提出问题、确立论题，说明研究这一论题的价值和意义。引论的具体落笔写法有多种，可以开门见山提出中心论点，可以通过介绍写作背景引出论题，可以说明写作缘起或写作目的，可以提示或解释与论题直接相关的有关概念、原理。

本论是经济论文的主体，是展开论题、分析问题、表述研究成果的部分。引论中提出的问题，要通过本论进行具体的分析和论证。本论在具体展开时，采用并列分论或递进推论两种方式。并列分论是把围绕中心论点并列存在的几个部分（这几个部分可以以分论点的形式体现）逐一加以阐述。并列分论中的这几个部分一般较少有前因后果的逻辑关联，各部分的阐述相对独立。递进推论则是紧扣中心论点，循着一个逻辑线索层层深入地进行阐述，直到阐述得深透、彻底为止。有的经济论文的本论也采用将并列分论和递进推论两种方式结合起来运用，而不单纯采用一种方式。

结论是经济论文的收束部分，其写作内容是如何解决问题。一般写法是概括全文，归纳得出中心论点，与引论部分照应，使一篇经济论文严谨、完整。也可以在结论部分深化中心论点。

经济论文的立论要不带个人偏见，不主观臆断，正确揭示客观事物的本质，符合经济规律；论据要确凿、充足有力，经得起实践检验；论证要严谨，根据需要采用举例论证、对比论证、引证论证等论证方法。

（四）经济短论的写作方法

经济论文有一种简短形式——经济短论。经济短论的用途是针对近期经济领域中社会广为关注亟待解决的现实问题及时发表评论。经济短论的写作也按提出问题、分析问题、解决问题的思路进行论说，但是它篇幅短，表达方式灵活，大事小事都可论及，能立即引起有关方面、有关人员的注意，对解决现实问题起到促进作用，有实际应用价值。

 训练设计

训练点：	写作训练习题：
1. 强化和巩固理论知识的认知与记忆	练习题一
2. 经济论文几种开头写法借鉴	练习题二
3. 举例论证法、对比论证法、引证论证法的运用、运用举例论证法补写未完成的经济论文	练习题三、四
4. 联系某种消费需求现象写作经济论文	练习题五
5. 用所给的材料写作篇幅短、见效快的经济短论	练习题六

写作训练练习

一、填空题：

1. 经济论文的特点是具有_____性、_____性和_____性。
2. 选题是经济论文写作的_____，课题是_____。
3. 经济论文写作采用的基本结构形式是_____论—_____论—_____论三段式，从论述的角度看就是提出问题、_____问题和_____问题。

二、选择题：

经济论文开头部分的写作方法有以下几种：
A. 说明选题的背景、缘由、意义
B. 提出问题
C. 出示观点，提出自己对问题的基本看法
D. 阐释基本观点

认真阅读以下各个开头之后，选择合适的选项填入空中。

1. 近年来在专业化协作、横向联合基础上发展起来的我国企业集团，已经显示出对经济发展的有力推动作用。它把分散的企业群体和生产要素、孤立的经营行为，按照优化、互补、效率、效益等原则组织起来，形成了集团军的力量，获得了新的整体优势，是国民经济现代化进程中不可缺少的规模经济组织。但就企业集团的进一步发展看，要建造具有稳定性、大型化的、具有凝聚力的经济组织，必须采用股份制的构造方式，使企业集团的核心层拥有集中的财力，形成投资中心和产权经营中心。这是我国企业集团构造的最佳方式，也是发展壮大的必经之路（摘自《股份制是企业集团构造的最佳方式》）。（　）

2. 为使煤炭工业为我国经济的整体发展提供足够的动力，更好地发挥承包经营责任制的效用，必须科学合理地确定新一轮的承包基数。

　　现行承包基数采用基数分析测算法，即以企业上期（年）有关技术经济指标的实际数，乘以其指令性递增率，再考虑各项增减因素确定。这种方法的突出弱点是对企业生产条件变化、产量与利润的关系及矿井生产特点考虑得不够，使确定的基数缺乏准确性与科学性，往往造成指标过高或过低。为此，本文探讨一种新的基数测算法——量本利分析测算盈亏承包指标法（摘自《利用量本利分析法确定盈亏承包指标的探讨》）。（　）

3. 私营经济的恢复和发展，是十年来所有制结构变革的重要内容。在30年公有化以后，那些非常了解私有制"弊端"的人在公有制经济土壤上重新办起了私营企业，显然具有不同于社会主义改造初期的社会意义。它的产生和发展，是历史性倒退，还是历史性进步？迫切需要从理论上作出回答（摘自《关于农村私营经济发展的理论分析》）。（　）

4. 企业科技进步存在于企业生产的全方位全过程，它是一个具有特殊运动规律与特殊结构特点、相对完整的企业子系统。企业科技进步的内涵不是科学技术单一因素的进步，而是科学技术、科学管理、科学人才、科学意识等因素共同产生的综合效能，它作用于生产之

中，促进劳动生产率、产品质量和经济社会效益的提高。企业科技进步系统既是企业整个大系统中一个非常重要的子系统，又是行业、社会更高一级科技进步系统的子系统，因此，本文试图用系统论方法来研究企业科技进步（摘自《企业科技进步系统论》）。　　　　（　　）

三、选择题：

下面几例各用了何种论证方法，选择合适的项填入括号中。

1. 目前，我国的连锁业面临国际巨型连锁集团的巨大挑战，国际巨型连锁集团企业规模大，在全球连锁店数量多，经营中的科技含量也高。对市场应变能力强。

相比之下，国内连锁企业规模都偏小，在经营方式、管理手段、扩张规模上国内连锁企业也有较大差距。由此可见，国内连锁企业如果不奋起直追、扬长避短，就可能要被"洋超市"打败。　　　　（　　）

2. 随着我国零售业的对外开放，一些国际大型连锁商业集团开始进军中国，纷纷在国内一些大中城市设店布局，对国内连锁企业形成巨大的冲击。资料显示，一个外资洋超市可挤垮与其毗邻的10家本地超市。位于××市东部的"易初莲花（泰国）"开业不久就将拥有一个总部七个连锁店的"广客隆"超市集团挤垮。　　　　（　　）

3. 股票具有非常强的流动性，就是说股票能够转手，能够随时变成为现款。马克思曾经把股票称为"现实资本的纸制复本"，并指出："这种复本之所以会成为生息资本的形式，不仅因为它们保证取得一定的收益，而且因为可以通过它们的出售而得到它们的资本价值的偿付。"马克思这段话清楚地告诉我们，投入股票的资本有不可逆反性，不能提取、不能归流。但它的持有者又决不会专门干蚀本的傻事，一定要千方百计地让投入股票的资金归流，即通过股票的出售而得到股本价值的偿还。这就是说，只要发行股票，就必须进行股票的买卖；只有能够进行买卖的股票，才具有存在和发展的条件。所以股份公司同股票市场（或证券交易所）是一对孪生兄弟（摘自《论股票的流动性》）。　　（　　）

选项：

A. 举例论证法——这是以列举具体事例作为论据，来证明论点的一种论证方法。要把抽象的概念、深刻的见解和鲜为人知的道理说清楚、讲透彻，使读者对自己论点的正确性深信不疑，往往要用事实材料说话，"事实胜于雄辩"。举例论证法既可为了证明论点而举出事实，也可由事实推出论点。但不论哪种情况，作为论据的事例，都必须真实、典型，并同自己的论点有必然的内在联系。所举出的事例可以是具体的，也可以是概括的，还可以是统计数字。

B. 对比论证法——通过不同事物的相互对比或比较，在对立映衬或差异显示中推导出结论的论证方法。对比论证有对比法和比较法两种，对比法中选用的论据均是对立的事实，可以用反面事物来证明正面事物的正确，也可以用正面事物来证明反面事物的谬误；比较法是通过两种事物进行比较，显示出它们之间的差异，从而得出结论。

C. 引证论证法——又叫"引经据典法"，即引用经典著作、权威人物言论、科学上的公理、定义、原理、法则、人所皆知的常理，以及格言、警句、俗语等来证明论点的方法。在引证论证中所引用的言论、事理，必须是经过实践检验的客观真理，引用要少而精且准。

四、补写：

下面这篇经济论文（节录）采用了举例论证的论证方法，请你在以"手表的机芯"作例证的这一段后面的横线上，再写出一两个例子（日常生活学习用品或其他你熟悉的商品例子均可）来更充分地论证标准化的意义和不执行标准化会产生的严重后果。

论工业产品实行标准化的意义

我国一批新的国家标准最近将要正式颁布执行。什么是"标准化"？它到底有什么作用？让我们先来看一个例子：

1906 年，在美国加利福尼亚州一家工厂不慎起火，火势凶猛殃及附近居民住宅区，形势危急，有关方面在很短时间内迅速调集了 70 多辆救火车赶到现场。但是，消防人员们没有能履行职责，只是眼睁睁地望着火舌吞没了一切。为什么呢？是见生命、财产被大火吞没不救、不管吗？不是。原因在于消防车上的水龙头接口螺纹五花八门、规格不一，与当地水管的接口配合不上，无法去救火。螺纹接口生产的不标准，对这场毁灭性的灾难负有责任，事后没几天，美国政府就制定了水管接口的国家标准。

由此看来，标准化与人民生活、生命财产关系密切。

标准化是对工业产品或零件、部件的类型、性能、尺寸、所用材料、工艺设备、技术文件、图书文献著录的符号与代号等加以统一规定，并予以实施的一项技术措施。标准化可分为国际或全国范围内的标准化和工业部门或工厂范围内的标准化。工业部门或工厂范围内的标准化有时也称为"规格化"。实行标准化能简化产品品种、规格，加快产品设计和生产准备过程，提高产品质量，扩大产品零件、部件的互换性，降低产品成本。标准化是组织现代化生产的手段，是实现工业现代化过程的重要技术政策之一。标准化水平也是衡量一个国家的生产技术和管理水平的尺度及现代化的标志。因此，标准化工作十分重要。

事实上人们每天都接触标准化，只不过没有留心注意罢了。如手上带的手表，我国原先竟有十余种不同类型的机芯，原材料消耗多，结构复杂，给生产、维修带来很多困难。后来，行业主管部门组织有关单位设计、生产了统一机芯钟表，使全国所有钟表厂生产的零件实现了互换通用。统一机芯后，只要设计出一个新外壳，就是一个新品种。再如＿＿＿＿＿＿

＿＿

＿＿

＿＿＿＿＿＿＿＿＿＿＿＿＿＿＿＿＿＿＿＿＿＿

既然标准化这么重要，我们就应该认真执行这一重要的技术政策和技术措施，让它在科学技术发展和各行业组织生产的过程中发挥应有的作用，从而加快产品设计和生产准备过程，降低产品成本提高产品质量，创造出更好的经济效益和社会效益。

五、按以下要求和步骤写一篇经济论文。

1. 选题参考以下内容：
（1）选取社会上某一种消费需求现象如旅游消费、教育消费等来写。

（2）用已经学过的专业课知识来解释、分析评论自己比较了解的经济现象。

2. 确定选题之后，从报刊、网上收集一些材料，做一些摘录笔记。

3. 按经济论文写作提纲的各个项目写出写作提纲。

4. 至少运用两种论证方法（举例论证法、对比论证法、引证论证法三种中选），写出初稿。

5. 修改后正式成文，1000字左右。

六、下面有两组材料，请你任选一组按写作要求写一篇篇幅短小的经济短论。自拟标题，800字左右。

第一组：

[写作要求]

现在大小商场、超市，都有打折商品出售。是否真打折？标出的价钱是否比原价更高？商家是否只是一个噱头？怎样辨别是真打折还是假打折？我们在购物时该如何应对这种满街都是"打折"的现象？就此发表你的看法。

[写作方法提示及写作参考材料]

1. "打折"可能隐藏的陷阱。

陷阱一：劣质商品。有些商家将过期、变质、失效等国家明令禁止不能销售的商品以打折的名义销售，若消费者贪图便宜便会买回一堆垃圾。

陷阱二：服务不全。打折商品并非处理有问题商品，《中华人民共和国消费者权益保护法》有明文规定，商品打折后丝毫不应降低售后服务标准，可偏偏有商家打出了"打折商品不能退货，概不保修"的牌子，不再进行售后服务，甚至不给发票，商品一旦出现质量问题，消费者只有自认倒霉。

陷阱三：跳楼甩货。不少商店常以商场拆迁或转向经营为由，谎称"全部商品对折（或更低折扣）处理"，以此诱惑顾客，实际上其中不少假冒劣质货品，不过以此手法掩人耳目。

陷阱四：反季销售。夏天售皮衣、冬天卖电扇等所谓反季节销售十分火爆。既然是反季商品，商品打折似乎是合情合理，可哪个厂家会特意去生产反季节商品？很多所谓的反季商品都是积压库存货。消费者买回家不会当即使用，等到一定时候再用，发现问题出了毛病想去理论也投诉无门，而且早已过了"三包"期限。

2. 对商家提出严正合理的要求。

国家有关部门已经针对商品打折制定了一系列管理措施和规定，商家不能虚假打折，商品打折要经过审查和批准，按规定标明原价、现价及打折原因，做到诚信经营、明码实价。

3. 给消费者的建议。

对商品打折这个每天都可见到的现象，消费者应有双慧眼，辨识打折的真假，看看打折价的可信度有多高，打完折后的货物是否真值那么多钱，不要看到折扣大就头脑发热马上掏钱购买。

第二组：

[写作要求]

据报道，在加拿大人们购买的鞋子、照相机及摄影机等用品用过一段时间后，因为感觉有点不满意就可以去商店换，这些东西等你拿到商店对店员还没有解释完，他们就立刻答应换货或退款，之后店员还满脸笑容连说谢谢。如果人们买了东西都去换、退，这商店还能办下去吗？为什么商家愿意实施退换货制度？如果消费者素质不高，退换货制度能支撑下去吗？如果某一消费者买一个照相机用了三个月就去退掉，那商家不是吃了大亏吗？

根据这个报道中提出的问题，结合你的个人感受和你所了解的国内的生产厂家、商店（超市）、消费者三方的现状，就"应不应该实行退换货制度""怎样实行退换货制度"谈谈你的看法。

[写作方法提示及写作参考材料]

从表面上看，商家实行无条件的退换货制度是吃亏的，但仔细分析可以发现，实行退换货制度有许多好处。商家采用无条件的退换货制度是有成本的，如要有专门的人接待消费者，对于退换回的商品要进行处理等，这些都会增加商家的成本。但是，商家采用这个制度所带来的收益也是很大的，有的还表现为看不见的潜在收益。

首先，退换货成为商家可以增加销售额的制度安排。在市场经济中，商家之间的竞争是相当激烈的，如何吸引消费者，成为每个商家必须考虑的首要问题。当消费者对于某个商品不熟悉或质量没有把握的时候，退换货制度可以大大地激励消费者去购买。

其次，商家实行退换货制度其实是由厂家为其买单。如果某一个牌子的商品退换太多，那么这个生产厂家就面临着很大的压力了。退换货制度其实成为商家检验某一种产品质量的有利制度安排，并成为商家与厂家谈判的筹码。那些对于自己产品质量没有把握的厂家，也不敢将自己的产品放到那些实行退换货制度的商场去销售。

此外，从消费者角度来看，去退换货也是有成本的。如果产品质量没有问题，就没有必要费力费时去退换了。